MW01171233

Dyphavets mysterier!

Bli med u-båten Triton på spennende turer i dyphavet!

Møt sjødyrene, og les hvordan de lever i havets tre store soner.

Tekst, design, foto og illustrasjoner: Halldis Ringvold, marinbiolog, dr. philos/ PhD

Forfatteromtale:

Halldis Ringvold er marinbiolog og forsker (dr. philos/ PhD) fra NTNU. Hun har jobbet innen forskning, fiskeri- og havbruksnæringen i over 25 år, og arbeider nå i Sea Snack Norway (SSN). SSN har utgitt fagartikler om sjøstjerner, sjøpølser, havedderkopper og store geléballer fra blekksprut med mer. Hun er også en ivrig hobbyfotograf, særlig under vann.

© 2023 Buzzingkid/ Sea Snack Norway

Sea Snack Norway, 5841 Bergen, Norge

www.buzzingkid.no

Innhold

Lyssonen

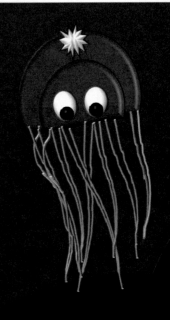

Skumringssonen

Mørkesonen

HVA HANDLER BOKEN OM?

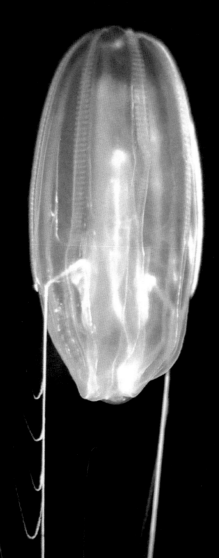

Havet, og særlig de aller dypeste områdene, har voktet sine hemmeligheter godt i mange år! Mye har vært ukjent – inntil nå! Fordi forskere gjennomfører flere og flere havundersøkelser, får vi også tilgang til et fantastisk nytt billedmateriale, og kunnskap, om livet i havet!

De aller første havundersøkelsene i gamle dager ble gjennomført med ganske enkle redskap. I moderne tid er det utviklet undervannsbåter (u-båter) med foto- og kamerarigg som kan ta med passasjerer ned i dypet. I denne boken lærer du mer om hvordan det er å utforske havdypet ved hjelp av en slik u-båt. Du lærer også mer om sjødyr, og hvordan de lever i havets tre store soner (lyssonen, skumringssonen og mørkesonen).

Ribbemaneten svever i det varme sjøvannet i Middelhavet.

De tre store havsonene strekker seg fra grunt vann, nedover i dypet til enorme sletter og bekmørke havgroper. Hva kjennetegner hver av disse sonene, og alle de spennende artene som finnes der? Ja, det kan du lese mer om i denne boken.

Du kan også lese mer om plast i havet, og forsøke deg på en quiz, eller fargelegge sjødyr.

Visste du at:

En **ART** er en stor gruppe med individer som kan få barn sammen. Disse barna kan igjen få barn.

Vi sier altså at "en art er en gruppe individer som kan forplante seg med hverandre, og få fruktbart avkom".

Eremittkrepsen (*Epizoanthus paguriphilus*) spaserer på mudderbunnen på rundt 2 000 meters dyp, sør for Irland. Oppå skallet har den en stor sjøanemone. (Foto: Marine Institute, Irland)

6

DE FØRSTE HAVEKSPEDISJONENE

Du har kanskje selv lurt litt på hva som skjuler seg under hav-overflaten? Hvilke sjødyr lever der, og hvor dypt lever de? Hvor dypt er havet på det dypeste, egentlig? Slike spørsmål hadde de i gamle dager også.

En av de første bøkene vi kjenner til som handler om livet i havet, heter «Dyrenes historie». Den ble skrevet av den kjent filosofen Aristoteles. Han levde i Hellas rundt år 400 før Kristus. Han ruslet ofte rundt i fjæra, eller var ute i en liten båt, for å studere sjødyrene. Han oppdaget for eksempel at blekkspruten skifter farge når den blir skremt, og fant at elektriske skater svimeslår byttet sitt. Aristoteles beskrev over 180 nye arter sjødyr, og har gitt navn til mange fisk, som Sanktpetersfisken.

En god stund senere, i renessansen eller «oppvåkningstiden» (fra 1350 til 1600-tallet), våknet interessen for å bygge større, og mer robuste båter. Disse båtene hadde også mange store seil, og kunne seile langt av gårde. Et av spørsmålene mange ønsket svar på var: «Hva er den raskeste seilingsruten fra Europa til India? Flere store havekspedisjoner ble satt i gang, med Admiraler som Columbus og Vasco da Gama bak roret. Sistnevnte hadde fått god opplæring i matematikk og navigasjon, og oppdaget sjø- og handels-ruten fra Europa til India.

Her er den store skuta til Admiral Vasco da Gama, «Sao Gabriel». Foto: Anonym 1 (1900).

Dette er en trehantiri, en liten båt som ble brukt på Aristoteles tid. Den er laget i tre, og har et enkelt seil.

Det var ikke før på 1800-tallet at mer moderne studier om livet i havet begynte. Det hadde lenge fantes teorier om at det ikke var liv i havet dypere enn 600 meter, på grunn av det høye vanntrykket der nede. Kunne det være riktig? I tillegg ble en undervannskabel i 1860 hentet opp til reparasjon fra 2 200 meters dyp utenfor Sardinia i Middelhavet – med sjødyr på! Forskere fra hele verden hørte om dette funnet, og ønsket nå å få en mye bedre kunnskap om sjødyr, og hvor dypt sjødyr virkelig kunne leve! Den skotske forskeren og legen Sir Charles Wyville Thomson var kanskje den mest ivrige, og på slutten av 1860-tallet satte han i gang havekspedisjoner med skipene HMS Lightning og HMS Porcupine.

HMS Porcupine seilte vest av Irland, og etter flere prøvetakinger med sleder, som de trakk etter seg på havbunnen, hentet de opp sjødyr fra 4 500 meters dyp! De hadde dermed bevist at det VAR liv i havet dypere enn 600 meter!

Et av favorittdyrene til Sir Charles Wyville Thomson var sjøliljer. Han kjente til de to marinbiologene fra Norge, Michael og G. O. Sars (far og sønn). De hadde nylig gjort spennende funn av blant annet sjøliljer fra norskekysten (i Lofoten), noe som ble en mediesensasjon. Dette gav kanskje også litt ekstra inspirasjon til Sir Wyville Thomson før han dro ut på sine hav-ekspedisjoner.

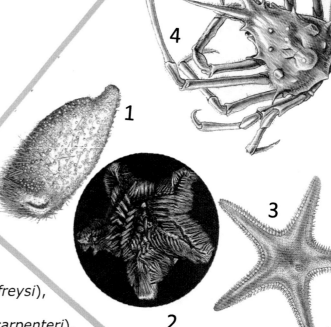

Dette er dampskipet HMS Porcupine som ble brukt til å finne ut om det var liv i havet, dypere enn 600 meter! Foto: Archibald (1967).

Her er noen av sjødyrene Sir Wyville Thomson fant under mange av sine hav-ekspedisjoner: 1) sjøpinnsvin (*Pourtalesia jeffreysi*), 2 og 3) sjøstjerner (*Korethraster hispidus* og *Plutonaster bifrons*, 4) krabbe (*Scyramathia carpenteri*). Foto: Wyville Thomson (1873).

Funnene av sjødyrene som ble gjort med HMS Lightning og HMS Porcupine i Nord-Atlanteren ledet til en ny og stor hav-ekspedisjon, nemlig Challenger-ekspedisjonen. Nå ivret forskerne etter å foreta en lang jordomseling for å studere sjødyr i alle verdens hav! Skipet la ut fra Portsmouth i England i 1872, og også her var Sir Charles Wyville Thomson med ombord. I løpet av fire år tok de prøver fra 362 stasjoner. Omtrent 5 000 nye arter ble beskrevet (!), og turen la grunnlaget for moderne havforskning.

HMS Challenger og Sir Charles Wyville Thomson. Det ble installert et eget laboratorium med mikroskop ombord for å kunne studere sjødyrene. Foto: Anonym 2 (år ?), Anonym 3 (1882-1883).

Hvor dypt var havet i ulike områder? For å finne ut dette målte de dypet mange steder, og til det brukte de hampetau. Hele 291 kilometer med italiensk hampetau var med ombord! Slik målte de dypet: Et tau med lodd i enden ble firt ned til det traff bunnen. Det ble deretter satt et godt synlig merke på tauet akkurat i vannoverflaten, før loddet ble halt om bord igjen. Deretter kunne hele taulengden (=dypet) måles. I Stillehavet kom de over Marianegropen, som er den dypeste havgropen på kloden.

Til å fange sjødyr på HMS Challenger brukte de bunnskrape. Den ble heist ned på dypet, slept langs bunnen, og heist opp på dekk igjen. Dyr havnet som oftest inni den store posen. De lange «duskene» nederst er av hampetau, og sjøstjerner og andre bunndyr som viklet seg inn i dem ble også med opp på dekk. Foto: Wyville Thomson (1873).

Dagens forskningsfartøy har dieselelektrisk fremdrift, med avansert teknologi om bord. Til å måle dypet brukes ekkolodd som sender ut lydbølger, og kalkulerer deretter dybden. Sjødyr fanges med skraper, trål, sleder og grabb. Noen båter kan ta bilder og video under vann. Noen kan også ta med en bemannet u-båt (som Triton). Foto: NOAA.

Dette er noe av hva de fant
under den berømte Challenger-
ekspedisjonen:

De fant nesten
5 000 nye arter sjødyr!
Eksempler er fisk,
blekksprut, tanglopper,
tanglus og plankton.

Sjødyrene ble
oppbevart i alkohol
eller saltlake ombord,
slik at de ikke skulle
råtne.

I Stillehavet fant de
området hvor verdens
dypeste havgrop ligger
(Marianegropen). Dypet
målte de opp med
hampetau med et lodd i
enden!

I Atlanterhavet fant de
den Midtatlantiske
ryggen, som er en
undersjøisk rygg som
strekker seg langs hele
Atlanterhavet, fra nord til
sør.

LODD

Etter at
ekspedisjonen var
avsluttet ble det
utgitt en rapport.
Rapporten bestod
av totalt 50 bind
(30 000 sider!) og
ble utgitt over en
periode på omtrent
20 år.

HMS Challenger var
opprinnelig et militært
fartøy, så før
jordomseilingen startet
måtte de fjerne 16 av
18 kanoner for å få
plass til blant annet 291
kilometer med
hampetau.

U-BÅTEN BLE OPPFUNNET

En undervannsbåt (u-båt) er en båt som kan forlytte seg under vannoverflaten. I dag forflytter u-båtene seg med motorer, men i gamle dager rodde man under vann!

Verdens første u-båt ble bygget rundt år 1620 av nederlenderen Cornelis Drebbel. Han jobbet for den engelske marinen, og bygget flere prøvemodeller i tre. De liknet en robåt med tak, og var forseglet med fett og lær, og hadde en vanntett luke øverst. Den største modellen hadde plass til 16 personer, hvorav 12 roere, og kunne dykke ned på 4-5 meters dyp. De navigerte trolig med kompass, og gjennom et kikkehull av glass kunne roerne se på fiskene.

Her er en kopi (reproduksjon) av en av de aller første u-båtmodellene Cornelis Drebbel bygget rundt år 1620. Denne har kun 4 årer, hvorav 2 på hver side. Foto: Adrian Tritschler/The Drebbel/ CC BY-SA 2.0.

Cornelis Drebbel foretok prøveturer på Themsen (i London, England), og rodde gjerne fra Westminster til Greenwich, og tilbake, på omtrent tre timer. U-båtene ble en sensasjon, så selv Kong James I fikk tilbud om en prøvetur. Han takket ja, og ble dermed den første kongelige på tur i u-båt.

Visste du at:

Leonardo da Vinci var trolig den første som hadde idéen om å lage en u-båt. Han var en italiensk vitenskapsmann, oppfinner og kunstner. I hans skissebok fra 1515 har man funnet et forslag til en u-båt, men den ble nok aldri bygget.

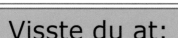

Et gammelt bilde fra Themsen i London, hvor Cornelis Drebbel prøver ut en av sine u-båter. Foto: G. H. Tweedale.

11

Det er mye vi ikke vet om u-båtene fra gamle dager, fordi vi har få tegninger av dem. Hvordan klarte for eksempel u-båtene til Cornelis Drebbel å dykke ned i dypet? Det er trolig fordi det var griseblærer under alle toftene (setene) (se bildet). Prinsippet fungerte litt som en blåsebelg. Når u–båten ikke var i bruk, og lå på vannoverflaten, så var griseblærene tomme. Når u-båten skulle brukes ble griseblærene fylt med vann gjennom et system av slanger, og u-båten ble tung og sank. Så kunne de begynne å ro!

Når u-båtturen gikk mot slutten, og de skulle opp mot overflaten igjen, åpnet alle roerne hver sin griseblære litegrann, og vannet slapp sakte ut. Da ble u-båten lettere, og steg opp mot overflaten igjen.

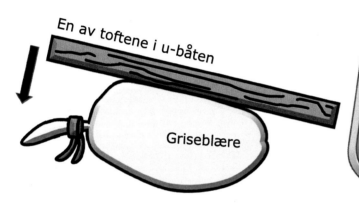

En av toftene i u-båten

Griseblære

Visste du at:

I Drebbels u-båter var de gjerne neddykket i 2-3 timer i slengen, så de måtte jo kunne puste! En av u-båtmodellene var utstyrt med lange «snorkel-slanger» som gikk opp til overflaten. I en annen av u-båtmodellene tok Drebbel trolig med seg salpetersyre.

U-båt var noe helt nytt for folk, og mye mer avansert i forhold dykkeklokken som vanligvis ble brukt på den tiden. De enkleste klokkene kunne minne litt om en veldig stor "bøtte" som var snudd opp-ned. Dykkeklokken ble senket ned på havbunnen, og fra den kunne dykkerne spasere på bunnen helt til de gikk tomme for luft.

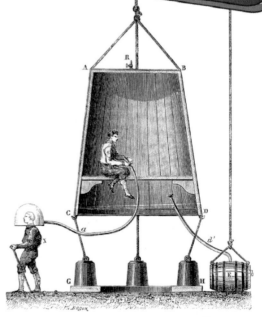

Dykkeklokken var kjent selv på Aristoteles tid (rundt 400 år før Kristus), men modellen på bildet ble designet på 1600-1700 tallet. Den var laget av tre, mens yttersiden var kledd i lær. Foto: Figuier (1870).

EN MORSOM DAGSTUR I GLASSKULEN!

Har du lyst til å dykke med en topp moderne u-båt for en dag? Bli med ned i dypet, da vel, og les hvordan man utfører selve dykket!

En av u-båtmodellene til Triton Submarines (Triton 3300/3, som veier 8 tonn). Foto: Triton Submarines LLC.

U-båter er ikke lenger bare til bruk for militæret, som en mulighet for å snike seg innpå fienden under vann. Nå er det bygget u-båter som tar med privat-personer og forskere ned i dypet!

U-båten Triton er en nyttig og morsom farkost som er 3-4 meter lang. Båten består av en stor glasskule som blir støttet opp av to knallgule, avlange beholdere (ballasttanker).

U-båten blir vanligvis oppbevart på dekket på en større båt (moderskip) når den ikke er i bruk. Straks noen skal bruke u-båten festes store stropper rundt den, og den heises på sjøen. Som passasjer blir du kjørt ut fra moderskipet og ut til u-båten med en lettbåt, slik at du kan hoppe oppå en av de gule ballast-tankene, rett ved siden av den store glasskulen!

Visste du at:

Det finnes flere ulike modeller av u-båten Triton. Noen dykker ned til 300 meters dyp, mens andre til 3000 meters dyp. En av modellene er også bygget slik at den kan dykke helt ned til 11 000 meters dyp – det vil si ned i den aller dypeste havgropen på jordkloden (Challengerdypet). Dypere kommer du ikke!

Hvordan kommer du oppi selve glasskulen? Jo, en kort stige leder opp til en liten luke på toppen av glasskulen. Etter at du har smøget deg gjennom luken, kan du sette deg rett ned på et av setene i kabinen. Foto: Triton Submarines LLC.

13

Når du sitter i glasskulen kan du se rundt deg på alle kanter (nesten 360 grader)! Den beste utsikten er likevel forover, eller litt ned - mellom beina dine. Kapteinen sitter også inne i glasskulen. U-båten er ikke så vanskelig å styre, men det er likevel en fordel å ha med en kaptein som kan alle rutinene ombord. Under setet har kapteinen for eksempel en eske med "pellets" som sørger for god luft i kabinen hele tiden (de absorberer karbondioksid).

Visste du at:

U-båten Triton har plass til 1-24 passasjerer, avhengig av hva slags båtmodell det er. Alle får tildelt komfortable seter, og kan høre på musikk og ta noe kaldt å drikke, mens de studerer livet i havet. Det er også aircondition, som holder en behagelig og jevn temperatur i glasskulen under hele dykket. Må du på do, får du utdelt en do-pose (eller u-båten går til overflaten☺) .

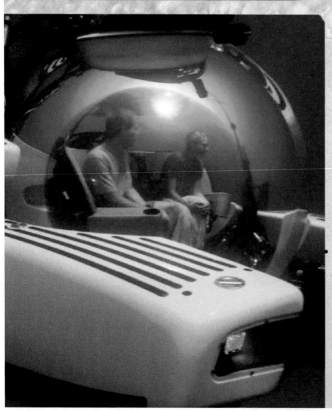

Når alle passasjerene har satt seg vel til rette i glasskulen vises en kort video med sikkerhetsinformasjon. Det er litt som ombord i et fly. U-båt kapteinen sørger deretter for at toppluken blir lukket, og at alt fungerer som det skal. Alt dette blir rapportert til moderskipet, via radio, som gir tillatelse til at u-båten kan begynne å dykke.

Når turen begynner slippes luft ut av ballasttankene, og de fylles opp med sjøvann istedenfor. U-båten blir derved tyngre og tyngre, og synker sakte ned i vannet. Sjøvannet skvulper rundt glasskulen på alle kanter. Etter en kort stund har vannet omsluttet hele glasskulen – og u-båten er helt nedsenket i vann! Nå er du praktisk talt "inne i din egen boble" (inne i glasskulen, altså!). Det kan dugge litt på glasskulen helt i starten, men det er bare å tørke av med en klut.

Til å styre u-båten bruker kapteinen en styrepinne (joystick), og den skyves forover om u-båten skal gå forover, eller bakover om man vil den veien. U-båten kan også gå opp og ned, sideveis, eller snurre (spinne om sin egen akse).

Dersom du ønsker å følge med på hvor dypt u-båten er, kan du kikke bort på pc-skjermen like ved siden av styrepinnen. Der kan du også sjekke dykketiden, oksygen- og karbondioksydinnhold i kabinen. Foto: Triton Submarines LLC.

Ettersom u-båten synker nedover i dypet, og vannmengden over båten øker, så øker også vanntrykket mot båten. Jo lengre ned man går, jo høyere blir trykket. Glasskulen er laget av plexiglass (akrylglass, som er 8 cm tykt i Triton 3300/3 modellen), og tåler et veldig høyt trykk! Fordi det er en rund kule, og det er et jevnt trykk av sjøvann mot hele kulen, så blir faktisk "veggen" i glasskulen sterkere jo dypere ned i vannet den kommer.

U-båten har en topphastighet på 2-3 knop i timen. Den er batteridrevet, stillegående og kan manøvreres veldig nær store korallrev, eller også nysgjerrig hai. Ta med kamera, for det er mye artig og spennende å ta bilder av!

En kamtannhai fotografert på 1 000 meters dyp ved Bahamas! Foto: Tom Blades, Triton Submarines LLC.

U-båtturen varer gjerne noen timer. Når u-båten skal opp til overflaten igjen må ballasttankene tømmes for sjøvann. Det gjøres ved å slippe luft inn i tankene, slik at sjøvannet presses ut. Luft er mye lettere enn sjøvann, så nå blir u-båten lettere og lettere, og stiger kontrollert oppover. Like før u-båten når overflaten, tar u-båtkapteinen kontakt med moderskipet og ber om "fri sikt" (om alt ser i orden ut på overflaten, hvor u-båten kommer opp). Når klarsignalet er gitt, stiger u-båten det siste, lille stykke opp - før den igjen bryter havoverflaten. Straks kommer det en lettbåt og plukker opp alle passasjerene, slik at alle kommer seg trygt tilbake til moderskipet igjen, og u-båten heises ombord (se bilde, Foto: NOAA).

Visste du at:

Første gang noen klarte å filme kjempeblekkspruten (*Architeuthis dux*) i naturen var ved bruk av u-båten Triton!

TRE STORE SONER I HAVET

Havet kan grovt sett deles inn i tre store soner. Sonene ligger litt som i lagene på bløtkake (eller grønnsaksløk)! De tre havsonene har fått navn etter hvor mye sollys som kommer ned i hver sone. U-båten Triton har besøkt alle sonene!

Lyssonen er det øverste, tynneste og varmeste vannlaget, som får aller mest sollys. Laget strekker seg ned til omtrent 200 meters dyp. Tykkelsen på laget kan variere litt med årstiden, og hvor mye solen varmer. I dette vannlaget er det veldig artsrikt, både av dyr og planter. Plantene bruker sollyset til fotosyntesen.

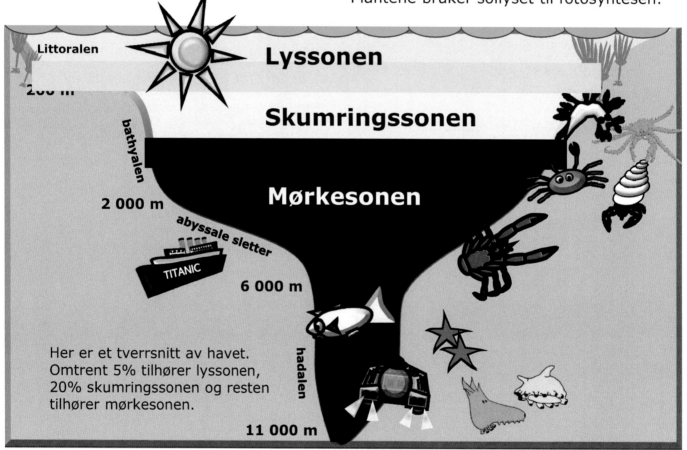

Littoralen

Lyssonen

200 m

bathyalen

Skumringssonen

2 000 m

abyssale sletter

TITANIC

Mørkesonen

6 000 m

hadalen

Her er et tverrsnitt av havet. Omtrent 5% tilhører lyssonen, 20% skumringssonen og resten tilhører mørkesonen.

11 000 m

Skumringssonen strekker seg fra 200 til 1 000 meters dyp, og får veldig lite sollys. Det kommer så lite lys ned hit at det ikke er nok til å utføre fotosyntesen. Mange av sjødyrene som lever her spiser det som «drysser ned» fra lyssonen. Det kan være døde plante- og dyrerester, noe som kalles «marin snø».

Mørkesonen, fra 1 000 til 11 000 meters dyp. Denne bekmørke sonen består av lange sletter med mye mudder (abyssale sletter) og de kaldeste, dypeste og mest utilgjengelige gropene på jordkloden (hadalen). Du kan lese mye mer om hvilke planter og sjødyr som lever i de ulike sonene på de neste sidene.

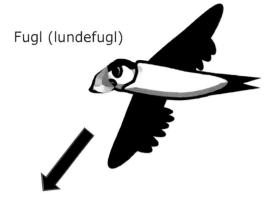

Fugl (lundefugl)

Dyr og planter i de tre store havsonene spiser hverandre. En rekke av organismer, hvor hvert ledd spiser av leddet foran, og samtidig er næring for leddet etter – kalles en næringskjede. Her er et eksempel på en næringskjede: Planteplankton blir spist av dyreplankton, som igjen blir spist av fisk. Fisk blir spist av hval eller fugl.

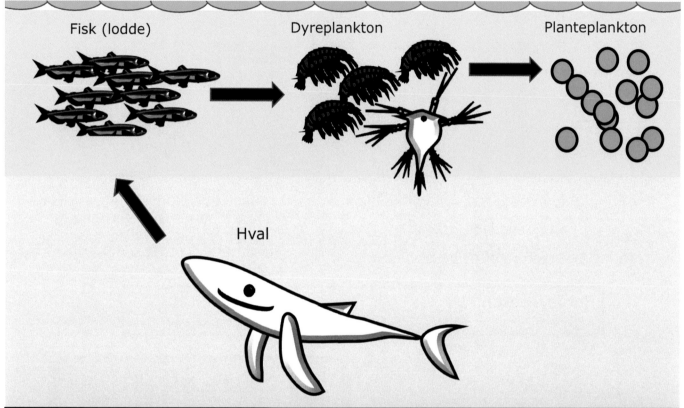

Fisk (lodde) Dyreplankton Planteplankton

Hval

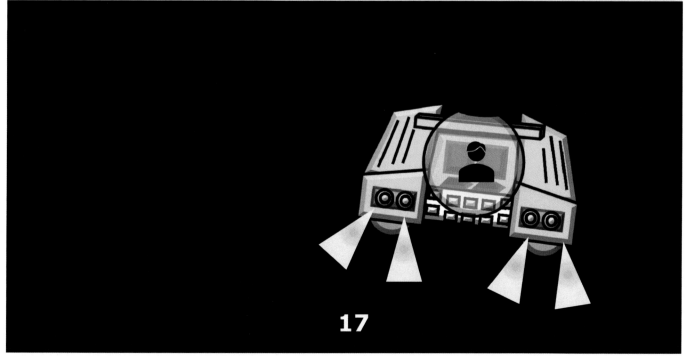

17

PLANTER OG DYR I LYSSONEN

0 – 200 meters dyp

Lyssonen er den minste, eller tynneste, havsonen, og bare omtrent 5% av havet tilhører denne sonen. Det er likevel den mest artsrike sonen, både av planter og dyr. Når vi snakker om planter i havet mener vi gjerne de bittesmå, mikroskopiske algene som svever fritt i vannmassene (planteplankton).

I lyssonen bader algene i lys på dagtid. Her er det mer enn nok sollys til at de kan utføre fotosyntesen. Alt liv på jorda er avhengig av fotosyntesen, hvor sollyset, vann og karbondioksid brukes til å produsere sukkerstoffer og oksygen.

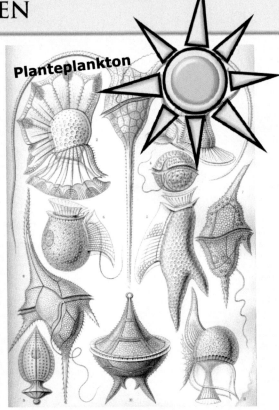

Planteplankton

Eksempler på bittesmå alger (plante-plankton) som svever fritt i sjøen. Noen har utvekster, eller «seil», som gjør at de kan holde seg flytende i vannet lenge. Foto: Haeckel (1904).

Fotosyntesen:
sollys + vann + karbondioksid = sukkerstoffer + oksygen

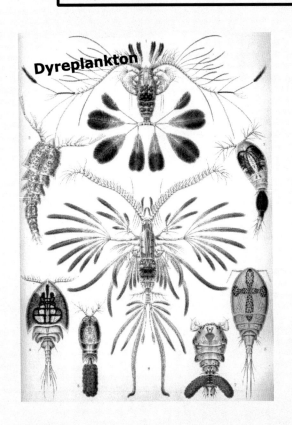

Dyreplankton

Visste du at:
Selv om alger er bittesmå kan det finnes utrolig mange av dem! Det er funnet 35 millioner alger i en liter sjøvann!

Algene er mat for bittesmå dyr i lyssonen (dyreplankton). Eksempler på dyreplankton er hoppekreps (som på bildet til venstre). Dyreplankton blir igjen spist av fisk, som igjen blir spist av for eksempel sel eller mennesker. Denne rekken av organismer som spiser hverandre kalles en næringskjede.

18

I tillegg til de bittesmå, fritt-svevende algene i sjøen, er noen alger store og godt synlige. De klamrer seg godt fast til stein på havbunnen i lyssonen. Det er tang og tare. Taren kan stå tett i tett på havbunnen og danne tareskog, som finnes langs hele norskekysten.

Fingertare, stortare og sukkertare dominerer i den norske tareskogen. Bildet under viser hvordan taren klamrer seg fast til det harde under-laget. Den bruker et nettverk av «tråder», som kalles festeorgan, som minner litt om røttene til trærne på land. Forskjellen er at trerøttene suger opp vann, men det gjør ikke feste-organet til tare.

Dette er små krepsdyr vi kaller tanglopper (eller amfipoder).

Visste du at:

Forskere har undersøkt 1 m² tareskog og funnet over 100 000 smådyr som bruker tareskogen som gjemmested!

På tarebladet, langs tarestilken, og under festeorganet sitter det ofte hundrevis av smådyr som tanglopper, mosdyr og maneter. Små krabber og fisk liker seg også i tareskogen. Her finner de nok mat, og kan samtidig gjemme seg for fiender.

19

I tareskogen finnes også kråkeboller.
Både røde og grønne kråkeboller er
særlig glade i å spise tare. Kråke-
bollene kan faktisk spise så mye at
det mange steder er lite tareskog
igjen! Dersom vi tar en tur med u-
båten Triton kan vi kjøre over store
«ørkener» hvor det tidligere var tare,
men som nå ligger øde. Hvordan
kunne det skje?:

Drøbakbollen
(den grønne
kråkebollen)
liker å spise
tare!

Før i tiden (rundt 1930) ble kråkeboller
spist av rovfisk som steinbit, torsk og
hyse. Fisken holdt altså antallet
kråkeboller nede («i sjakk»). Etter
hvert ble fiskebåtene- og metodene
mye bedre, og vi fisket opp mer og
mer fisk. Ja, kanskje litt for mye, noe
vi kaller overfiske. Dette overfiske førte
til at det ble færre rovfisk igjen til å
spise kråkeboller, og kråkebollene
vokste opp i enorme antall.

Visste du at:

Vi høster tare langs norskekysten,
og produserer alginat. Alginat
brukes blant annet i iskrem,
milkshake, øl og bleier.

Ser du alle «pinnene» som
stikker opp på bildet? Det er
rester etter en tidligere frodig
tareskog. Tarebladene har blitt
spist opp av kråkeboller, så nå er
det bare «ørken» igjen. Dette
bildet ble tatt ved New Zealand,
men slike ørkener finnes også i
Norge. Tareskogen kan vokse
opp igjen, men bruker lang tid.
Foto: Shaun Lee. CC BY-SA 4.0.

STORE FISKESTIMER OG KORALLER I LYSSONEN

To Triton u-båter på tur i lyssonen på
Bermuda! De har funnet et spennende
skipsvrak som de studerer nærmere.
Vrak kan være gode skjulesteder for fisk
og andre dyr som lever nær bunnen.
Foto: Triton Submarines LLC.

**Lyssonen, særlig i varme, tropiske
strøk, er kjent for sine flotte, fargerike
fiskestimer og koraller!**

Store fiskestimer trives i lyssonen, for her er
det mat nok til alle på grunn av algene og
fotosyntesen. Blant korallene finner de mange
gode gjemmesteder, slik at de lettere kan
unnslippe sultne rovdyr.

Visste du at:

Fiskene i lyssonen bruker synet
til å jakte på byttedyr. Lengre
nedover i de dypere og mørkere
sonene bruker fisken litt andre
jaktteknikker.

Her er en fiskestim over
korallrevet ved Maldivene. Foto:
Bruno de Giusti. CC BY-SA 2.5.

Foto: Mareano, Havforskningsinstituttet. CC-BY-SA 4.0.

Fargerike korallrev finnes ikke bare i tropene, men også i Norge. Steinkorall, risengrynkorall og «tyggegummikorall» er noen av artene som finnes hos oss.

Langs norskekysten er steinkorallrev funnet fra 40 til 450 meters dyp. De eldste revene ble trolig etablert for 9 000 år siden! Andre korallarter som finnes hos oss er for eksempel risengrynkorall og sjøtre (eller «tyggegummikorall», som de kaller den på engelsk).

Det bor utrolig mange andre sjødyrarter ved korallrevene, som finner både mat og ly i de mange hulrommene der. Omtrent 800 arter, som fisk, krepsdyr, anemoner og maneter, er funnet.

Visste du at:
Røstrevet i Lofoten er det største korallrevet som er funnet i Norge. Det er 35 kilometer langt, og 2.8 kilometer bredt!

Visste du at:
Korallrev som er bygget opp av steinkorallen *Desmophyllum* finnes i de fleste hav i verden, fra 40 til 2 000 meters dyp. De finnes altså i lyssonen, men også dypere.

Lodda er en stimfisk som trives i lyssonen i det åpne hav.

Lyssonen i kaldere strøk, som i Arktis, har også store fiskestimer. Den sølvglinsende lodda fråtser i mat på dagtid. Den bruker synet, og lyset, til å plukke seg ut litt større dyreplankton, noe vi kaller en «visuell predator».

Det er få gjemmesteder i lyssonen, særlig for de dyrene som svømmer et godt stykke ut i fra land, og i de åpne vannmassene. De kan ikke fort svømme inn under en stein for å finne skjul dersom det skulle dukke opp et sultent rovdyr fra dypet, på jakt etter et middagsmåltid. Hva gjør de da?

De kamuflerer seg! Lodda er kamuflasjefarget, hvor undersiden er lys og oversiden er mørk. Undersiden er lys, for da synes den ikke så godt nedenfra – når den store, skumle rovfisken ser oppover i de lyse vannmasene etter mat. Lodda går da altså mer «i ett» med resten av lyssonen. For et annet rovdyr, som fugl eller sel, som ser lodda ovenfra og ser den mørke ryggen, så går lodda mer «i ett» med den mørke vannoverflaten.

Lodda kan sies å være litt som en kanarifugl... Lodda liker ikke raske temperaturendringer, og svømmer unna når for eksempel havtemperaturen endres. Forskere kan derfor se endringer i hvor lodda svømmer. Derfor kalles lodda en «sjø-kanarifugl», som varsler om klimaendringer.

Visste du at:

Før i tiden tok gruvearbeidere med seg en kanarifugl nedi gruven. Den sitter vanligvis å kvitrer mye i buret. Når den plutselig sluttet å kvitre var det et signal om at det lakk giftstoffer uti gruvegangen, og arbeiderne måtte skyndte seg ut. Den reddet derfor mange menneskeliv.

23

I lyssonen i Antarktis trives store pingvin-kolonier. De lever av fiske- og blekksprut-stimer i tillegg til krepsdyr.

Et dykk med u-båten Triton i lyssonen i Antarktis! En stor manet svever forbi.

FISKEN SOM SKIFTER SKINN REGELMESSIG!

Du har sikkert hørt om krabber og reker som skifter skall med jevne mellomrom, men har du hørt om fisk som skifter fiskeskinnet sitt regelmessig? Det gjør ulkefisken i lyssonen i Australia. Den skifter skinnet omtrent en gang i måneden!

Foto: Rick Stuart-Smith / Reef Life Survey. CC BY-SA 3.0 (stort bilde), og Waite (1921).

Denne fisken lever et ganske stille og rolig liv på ganske grunt vann, og gjemmer seg under steiner eller i sanden. Til vanlig ser skinnet brunt og litt «vorteaktig» ut. Når det nærmer seg tiden fisken skal skifte skinn, så begynner den å ta inn vann under skinnet. Mer og mer vann pumpes inn, slik at fiskeskinnet begynner å se ganske så gjennomsiktig ut. Hele fisken begynner faktisk å se nesten litt ut som en stor ballong! Plutselig sprekker skinnet ved gjellene. Da blåser fisken vann ut gjennom gjellene, og presse det løse skinnet bakover, slik at det løsner fra hodet.

En ny sprekk oppstår i skinnet under kjeven, og med en ny vannsprut gjennom gjellene, så klarer fiske å vrikke seg løs fra hele det gamle fiskeskinnet. Det er litt som om du vrenger av deg ytterjakka når du kommer inn døren hjemme.

Forskere vet ikke helt hvorfor denne ulkefisken skifter skinn, men tror det kan ha med at den lever såpass i ro slik at alger og bakterier lett gror på skinnet. Den beste måten å få vekk groen på er altså å skifte skinnet regelmessig.

Salper er en super-bæsjer!

Salper kan danne lange kjeder i vannet.
Foto: Lars Plougmann. CC BY-SA 2.0.

Mange salper liker seg i lyssonen, særlig i varmere strøk. Salper er geleaktige dyr som svømmer fritt i vannet. De er kjent for å lage tung avføring som synker fort. Salper kalles derfor «super-bæsjere»!

Visste du at:

Salper tilhører rekken ryggstreng-dyr, og kan kalles «støvsugerne i sjøen». De er veldig flinke til å «støvsuge» vannet for partikler. Noen arter kan filtrere 55 liter sjøvann i timen.

Salper lever av å spise (filtrere) alger og frittsvømmende smådyr som finnes i sjøvannet. Den bæsjer mye. Salpe-bæsjen er tung, og synker fort nedover (som «marin snø»). Marin snø blir mat for andre dyr lengre ned. Noen sjødyr er flinkere enn andre til å lage slik tung avføring, og «super-pooperen» salpen er altså en av dem!

En del av bæsjen havner på havbunnen, hvor den blir liggende. Bæsjen er full av næringsstoffer, men også karbon, som salpen fikk i seg ved å spise alger. Når bæsjen havner på havbunnen, bidrar salpen til å lagre karbon på havbunnen. Les hvordan karbonet kan påvirke dyrene i sjøen i et senere kapittel.

26

U-BÅTEN TRITON BRUKES I FORSKNING

En marinbiolog, eller havforsker, studerer ulike ting i havet. I sitt arbeid bruker de av og til u-båten Triton. Forskere kan for eksempel dykke ned med u-båten når de skal studere nye havområder, og notere ned alle sjødyrartene de finner der.

«Nekton Mission» er en organisasjon med havforskere som benytter u-båten Triton på sine havekspedisjoner. De har vært mange steder rundt omkring i verden, for eksempel:

Atlanterhavet (Bermuda)

Antarktis (Weddell Sea)

Indiahavet (Maldivene, Seychellene)

Her er litt om hva forskerne oppdaget på turene til **Bermuda** og **Maldivene**:

Bermuda er en liten øygruppe som ligger oppå en utdødd vulkan, 1000 kilometer fra USAs østkyst. Hit tok Nekton Mission med seg to Triton u-båter i 2016. I løpet av en måned foretok de flere u-båtturer på mellom 15 og 300 meters dyp hvor de filmet, tok bilder og brukte spesialutstyr for å kunne samle inn spesielle sjødyr. Disse dyrene ble tatt med på land og studert nærmere. Slik fant forskerne over 100 nye arter fisk, krepsdyr, alger og koraller. De fikk også anledning til å studere drakefisken (lionfish), som er en *invasjonsart* på Bermuda. Forskerne oppdaget fisken helt nede på 304 meters dyp, som er det aller dypeste fisken noensinne har blitt observert. Drakefisken har nå blitt så plagsom på Bermuda at beboerne bruker harpun og ROV (en bemannet robot) til å fjerne den.

Radioshow fra u-båten Triton !!!

Verdens dypeste radioshow ble arrangert fra to Triton u-båter på 300 meters dyp på Bermuda!

Visste du at:

På Bermuda har forskerne funnet en ny og spesiell sone i havet, hvor det er lite lys. Her finnes veldig mange ulike arter som ikke finnes andre steder. Denne sonen kalles «rariphotic zone»), og ligger fra 130 – 300 meters dyp.

Maldivene består av 99% hav og 1% land. Det høyeste punktet ligger kun 2.4 meter over havet! Dersom havnivået stiger en del, på grunn av klimaendringer, så vil Maldivene sakte men sikkert forsvinne i dypet...

Lite er kjent om de dypere havområdene. Nekton Mission besøkte derfor øygruppen i 2022 med to Triton u-båter og en ROV. De ønsket å studere områdene i lyssonen, men også ned til 1 000 meters dyp. Forskerne oppdaget et helt nytt økosystem på 500 meters dyp på Maldivene! Det kalles «trapping zone», altså en slags fangstsone. En del arter «fanges» på dette dypet når de vandrer i sjøen på leting etter mat. Dyrene som «fanges» på dette dypet blir mat for andre, så området yrer av liv.

Maldivene

Visste du at:

En **invasjonsart** er en art som trekker seg uregelmessig inn på et område den vanligvis ikke pleier å være. Den har gjerne få naturlige fiender i det nye området, formerer seg fort, og konkurrerer med andre arter om maten.
Et **økosystem** er alle dyr og planter som finnes på et sted, og miljøet de lever i.

Drakefisken (lionfish) hører naturlig hjemme sør i Stillehavet og Indiahavet (som ved Maldivene). Det er en flott, fargerik fisk, som forsvarer seg med lange giftpigger. Utseende gjorde den populær som akvariefisk, og ble raskt solgt til folk over hele verden, også til USA. På østkysten av USA slapp trolig noen fisken ut i sjøen, og den formerte seg og ble plagsom. Nå er den en *invasjonsart* blant annet på Bermuda (nær USA).

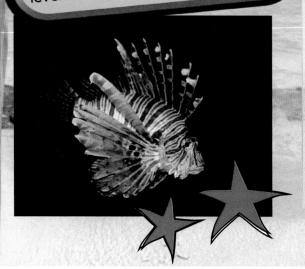

To fiskestimer ved Maldivene.

STORE, MYSTISKE GELÉBALLER I SJØEN!

Har du hørt om de store geléballene, eller «badeballene» som ble funnet i sjøen i Norge? De er omtrent 1 meter i diameter! Her er historien om dykkerne som gjorde sitt livs oppdagelse!

Noen dykkere svømte rundt i en norsk fjord på jakt etter gode fotomotiv. Plutselig kom det en stor geléaktig «ball» svevende i vannet like forbi dem. Geleballen var over 1 meter i diameter. Når den ene dykkeren pirket borti ballen med den ene fingeren sin, så gav geléballen litt etter (akkurat som om du forsiktig skulle pirke borti spise-gele i et bursdagsselskap). Dykkerne gikk til avisen med historien sin. Ikke så lenge etterpå meldte flere dykkere om at de også hadde sett en geléball – og en til - og enda en... Hva var dette? Var det «mystiske alians» eller kanskje tilhørte de noen sjødyr – men hva slags type sjødyr? Ingen visste det med sikkerhet...

Forskere leste om saken i avisen, og ba dykkerne om å skjære ut en liten bit av geléballen neste gang de så en. Da kunne forskerne kjøre noen tester på laboratoriet (DNA analyser), og finne ut med sikkerhet hvem som hadde laget dem.

To lange år gikk, men endelig tikket det inn meldinger til forskerne om at noen dykkere hadde klart å skaffe en liten bit av geléballen! Etter at laboratorietestene var unnagjort, og resultatene var klare, så viste det seg at den store geléballen tilhørte en blekksprut. Den store geléballen var faktisk eggmassen til sørlig kortfinnet tiarmet blekksprut (*Illex coindetii*). Eggmassen til denne blekkspruten var det ingen i verden som hadde sett før!

Illex coindetii tilhører en familie med blekksprut som heter Ommastrephidae. Hele denne familien er kjent for å lage store, geléaktige baller (eggmasser) med tusenvis av bittesmå egg inni. Nå vet vi hvordan eggmassen til *Illex condetii* ser ut, men vi vet for eksempel ennå ikke hvordan eggmassen til *Todarodes sagittatus* (akkar) ser ut. Kanskje noen klarer å finne en slik geléball, eller noe annet spennende, ved bruk av u-båten Triton?

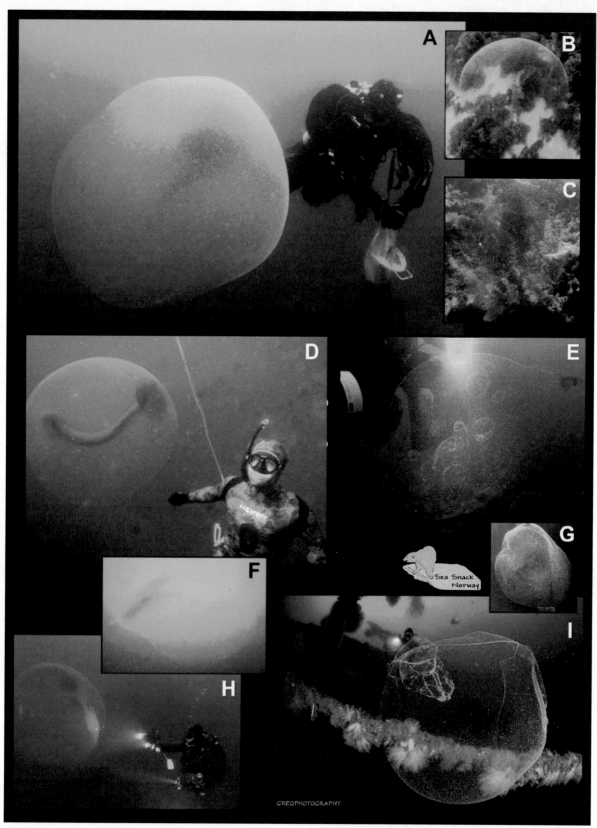

Her er noen av geléballene som har blitt funnet langs norskekysten, Sverige og England!

200 – 1 000 meters dyp

Omtrent 20% av havet tilhører skumringssonen. Veldig lite sollys rekker ned hit (omtrent 1%). Det er så lite lys at de fleste plantene ikke kan utføre fotosyntesen, så de trives ikke her. Det er imidlertid store fiskestimer, hvor fiskene gjerne har store øyne, kjever og munn. De kan lage sitt eget lys.

Visste du at:

Rekorden for fridykking går ned til 214 meters dyp. Det er omtrent der lyssonen slutter, og skumringssonen begynner.

Har du tuslet rundt i skogen like etter at solen har gått ned, i skumringstimen? Da er det veldig lite lys, og vi ser ikke så godt. Omtrent slik er det i skumringssonen i havet også. Skumringssonen er en spennende sone vi ennå vet lite om. Sonen ligger så dypt, og er såpass utilgjengelig, noe som gjør at den er vanskelig å studere.

Skumringssonen inneholder trolig mange flere arter enn vi tidligere har trodd! Forskere over hele verden er nå sammen opptatt av å finne svar på spørsmål for å løse flere mysterier som: Hvor mange arter lever i skumringssonen, og hva heter de? Hvor gamle blir de ulike artene, og når formerer de seg?

Fisk som er vanlig å finne i skumringssonen. Den øverste er «bristlemouth», og den nederste er lysprikkfisk. Disse små fiskene er fulle av olje, men også bein, så de passer kanskje best som fôr til oppdrettsfisk. Legg merke til radene med de små prikkene på kroppen. Det er lysorgan som gjør at fisken lyser i mørket (bioluminescens). Foto: NOAA.

Hvordan lever artene sammen? Hvordan blir maten deres (organisk materiale) transportert inn og ut av sonen? Dette, og andre mysterier, får vi kanskje svar på når vi gjennomfører flere dyphavsekspedisjoner.

Bristlemouth er en av fiskeartene som opptrer i store mengder i skumringssonen. Hvorfor er det så store mengder av den her? Nei, det vet ikke forskerne så mye om ennå.

DYR SOM LAGER SITT EGET LYS!

Noen sjødyr som lever i tussmørke kan faktisk også ha behov for litt lys av og til. Lyset lages av dyrene selv, og brukes for eksempel til å jakte med, eller å finne en make.

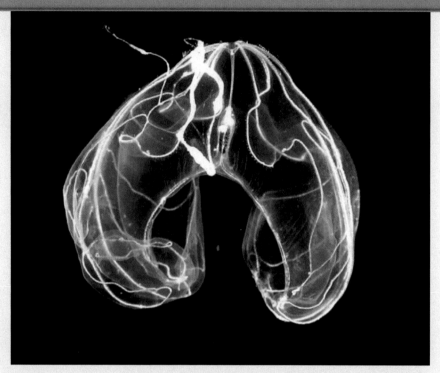

Lyset som dyrene lager selv heter bioluminescens, og er gjerne blågrønt. Lyset lages ved hjelp av et protein. Noen ganger hjelper også bakterier til.

Ribbemaneten *Bathocyroe fosteri* lager sitt eget lys. Arten ble første gang samlet inn ved hjelp av et slags «undervannssugerør» med den bemannede u-båten Alvin. (Alvin tilhører Woods Hole Oceanographic Institution i USA og er ikke en Triton-modell.) Arten har senere vist seg å være en vanlig art i skumringssonen flere steder. Foto: Marsh Youngbluth.

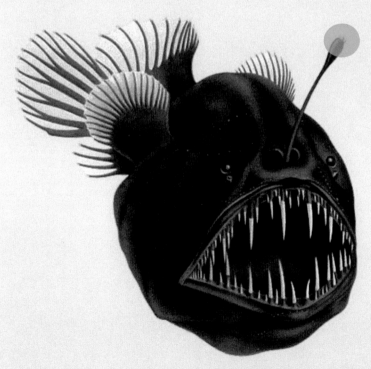

Fisken svart sjødjevel (som på bildet) har en egen, lang finne med lys i enden som den bruker til å jakte med. Den bruker finnen litt som en fiskestang, og veiver den opp og ned i mørket for å lokke til seg nysgjerrige dyr.

Sjødjevelen tilhører en større gruppe med fisk som trives i skumringssonen, men også i mørkesonen.

Foto: Brauer (1908).

U-BÅTEN TRITON MØTER EN KJEMPE!

Tenk deg at du ønsker å filme et stort sjødyr dypt nede i skumringssonen, som ingen i verden har filmet før deg! Hvordan går du frem?

Et team med forskere kom på ideen om å filme kjempeblekkspruten i sitt rette element – langt nede i dyphavet! Det hadde ingen gjort før dem. Til å hjelpe seg brukte de u-båten Triton. De laget også et spesielt lokkemiddel de kunne feste på u-båten. Lokkemiddelet var en kunstig manet som lyste i mørket. Det kunstige lyset etterliknet lyset til en ordentlig manet (bioluminescens). De foretok ganske mange dykk med u-båten, uten hell, men i 2012 klarte de til slutt å filme kjempeblekkspruten på omtrent 900 meters dyp i Japan !

Kjempeblekksprut (*Architeuthis dux*) er funnet mange steder i verden. Her er en som drev på land i Ranheimsfjæra i Trondheim i 1954. Foto: NTNU Vitenskaps-museet. CC BY-SA 2.0.

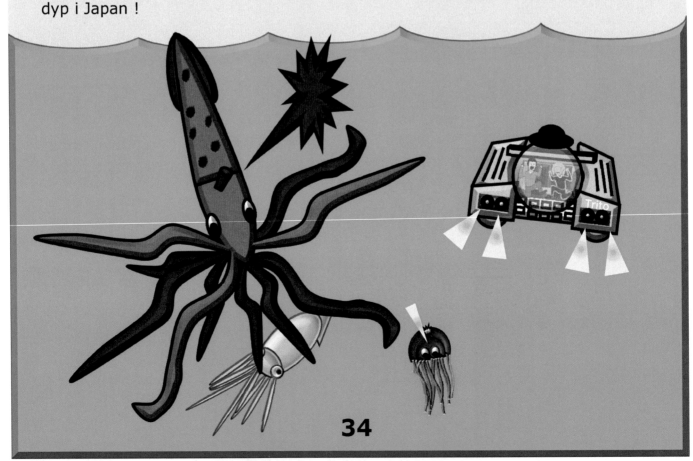

Den ordentlige maneten, som forskerne etterliknet, blir vanligvis spist av en liten art blekksprut, som igjen blir spist av kjempeblekkspruten. Maneten blir altså jaget og spist av den lille blekkspruten, og når dette skjer lager maneten et spesielt lys (varslings-signal). Den varsler dermed kjempeblekkspruten om at den lille blekkspruten er i nærheten – slik at kjempeblekkspruten kan komme å ta den lille blekkspruten! Kjempeblekkspruten hjelper altså maneten! Smart!

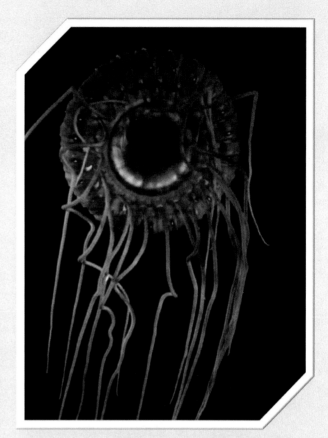

Slik ser den levende maneten ut. Den heter *Atolla wyvillei* på latin. Den er oppkalt etter Sir Charles Wyville Thomson som var med på den berømte Challenger-ekspedisjonen. (Les om denne ekspedisjonen i et annet kapittel). Foto: Edith A. Widder, NOAA Ocean Explorer. CC BY-SA 2.0.

BRANN ALARM

Visste du at:

Denne manetens lyssignal er et varslingssignal, altså et rop om hjelp! Det er litt som om brann-alarmen skulle gå hjemme hos deg!

Jordbærblekk-spruten heter *Histioteuthis heteropsis* på latin. Den ble beskrevet av amerikaneren Dr. Samuel Stillman Berry i 1913. Legg merke til kroppen på blekkspruten, som skråstilles til samme side.

Foto: MBARI

Visste du at:

Det å være rødfarget på veldig dypt vann, som i skumringssonen, gir god kamuflasje! Det er fordi det røde lyset rekker ikke så langt ned, slik at for andre dyr så ser blekkspruten svart ut.

Jordbærblekkspruten minner faktisk litt om et jordbær, rød som den er, og med prikker på hele kroppen. Prikkene er pigmentflekker eller lysorgan.

Denne blekkspruten er godt tilpasset et liv i skumringssonen, med sine to veldig forskjellige øyne. Ett øye er veldig stort og gulgrønnt, og vender hele tiden oppover i vannmassene. Med dette øyet kan blekkspruten oppdage skyggen til mulige byttedyr som svømmer i de lyse vannmassene over seg.

Det andre øyet er mye mindre, og svart, og vender hele tiden nedover i mørket. Med dette øyet kan blekkspruten oppdage glimt av lys som lages av dyr på dypere vann (bioluminescens).

Som mange andre dyr oppholder jordbærblekkspruten seg i skumringssonen om dagen, men svømmer oppover mot overflaten om natten for å jakte etter reker, fisk eller andre blekksprut. Når daggry kommer så svømmer de nedover igjen.

Som det snør! De små hvite prikkene som synker nedover i sjøen her er rester etter planter og dyr, og kalles «marin snø». Foto: NOAA.

Det er mindre mat i skumrings-sonen enn i lyssonen. Mye av maten dyrene spiser her er såkalt «marin snø». Snøen som daler ned er rester etter døde alger, smådyr og bæsj fra lyssonen over.

Salper er et eksempel på dyr som lager mye og tung bæsj, som synker fort nedover i vannet. Andre eksempler på dyr som lager «marin snø» er fisk og hval. Snøen, eller bæsjen, blir mat for andre dyr.

Temperaturen synker også i skumrings-sonen, og det blir kaldere og kaldere jo lenger ned du kommer. (Dette gjelder ikke i Arktiske områder, hvor det faktisk blir litt varmere nedover i vannet.)

Trykket øker jo dypere man reiser nedover i sjøen. For oss mennesker kjennes det nok etterhvert litt som å ha noen elefanter (eller jumbo-jetter!) på hodet! Da er det fint å kunne bruke en u-båt å reise med! Dersom du sitter inne i u-båten Triton vil trykket inne i glasskulen være regulert under hele reisen, så hodet ditt vil kjennes som vanlig.

37

U-båten Triton brukes av og til for å se etter ting som har sunket. Det kan være nyttig i forbindelse med undersøkelser av skipsvrak fra andre verdenskrig, eller for å kartlegge kulturminner som leirkrukker eller vrakgods fra gamledager (arkeologi).

Her undersøker u-båten Triton skipsvraket til en annen u-båt, U-576, på rundt 210 meters dyp utenfor North Carolina (USA). Foto: NOAA.

Godt med lys, foto- og kamerarigg er viktig når u-båten Triton besøker skumringssonen. Foto: NOAA.

Dykket er ferdig, og u-båten Triton har kommet seg opp til overflaten igjen! Foto: NOAA.

Mørkesonen er den største sonen, og omtrent 75% av havet tilhører denne sonen. Her er det alltid bekmørkt. Mange av sjødyrene lager sitt eget lys, og har veldig god luktesans. Noen har også store magesekker!

VELDIG MØRKT!

VELDIG DYPT!

HØYT TRYKK!

I mørkesonen er det naturlig nok alltid mørkt, fordi sollyset aldri når ned hit. Andre ting som kjennetegner dyphavet er det veldig store trykket, kulden og de enorme avstandene. På grunn av de enorme avstandene i dypet kan det for eksempel gå lang tid mellom hver gang sjødyrene finner mat eller en make, og dyrene har måttet tilpasse seg dette på flere ulike måter. På de neste sidene finner du flere eksempler på slike tilpasninger.

VELDIG KALDT!

LAAAAANGE AVSTANDER!

Visste du at:

Det blir stadig funnet mange nye arter fra dypt vann. Vi har ennå mye å lære om artene, og samspillet mellom artene, som lever her.

Dypvannsamfipoden *Hirondellea gigas* er funnet helt nede i Challengerdypet, på 11 000 meters dyp! Den spiser råtne dyr, og kan til og med fordøye trerester som har sunket. Amfipoder er vanlig å finne i mange av verdens dypeste havgroper. Foto: Jamieson et al. (2019). CC BY-SA 4.0.

OM SOLLYSET:

Lyset slipper ikke helt ned hit, så det er konstant mørke. Noen fisk er blinde, mens andre har veldig små øyne. Noen sjødyr lager sitt eget lys på jakt etter mat.

Visste du at:

De aller dypeste områdene i havet kalles hadalsonen, og ligger mellom 6 000 og 11 000 meters dyp. Denne sonen er oppkalt etter den greske guden av underverdenen, Hades.

OM TILGANG PÅ MAT:

Noen dyr i mørkesonen spiser hverandre, mens andre spiser det som drysser ned fra sonen over («marin snø»). Noen får også maten sin fra matter med bakterier på havbunnen.

OM DYPET:

Hvis du sitter i et fly i cruising høyde, og ser mot bakken, er det rundt 10 000 meter ned. Det er omtrent like langt som fra havoverflaten og ned til bunnen av Challengerdypet, det dypeste stedet på kloden (11 000 meter).

OM TRYKKET:

Vanntrykket er enormt! I Challengerdypet tilsvarer vanntrykket vekten av 50 jumbo-jetter! Det er ingen mennesker som tåler dette trykket – dersom de ikke befinner seg i en u-båt, da!

OM TEMPERATUREN:

Sjødyrene i Challengerdypet må tåle temperaturer på mellom 1-4 °C.

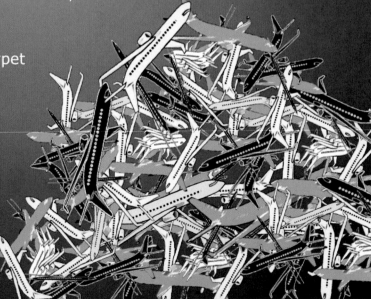

11 000 m dyp

Når blobfisken blir dratt fort opp av vannet, kan den se litt sånn ut!

Noen sjøpølser kan svømme. Den svømmer for å rømme unna fiender, eller for å finne mere mat. Arten på bildet, *Enypniastes* sp., har det med å bæsje like før den letter fra havbunnen. Sjøpølser er funnet ned til 10 730 meters dyp! Foto: NOAA.

Blobfisken har en gele-aktig kropp, noe som er en tilpasning til å leve på veldig dypt vann. Foto: NOAA/ MBARI.

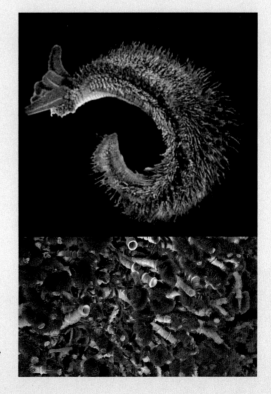

Den kjøttetende harpesvampen får tak i mat ved å sile ut (filtrere) små krepsdyr fra vannet. Svampen er funnet på 3 500 meters dyp. Foto: MDMihaela. CC BY-SA 4.0.

Nær glovarme skorsteiner på havbunnen lever den rør-byggende Pompeii-ormen (høyre bilde, øverst) og kjemperørormen (nederst) i store kolonier. Foto, Pompeii-orm: NSF. Foto, kjemperørorm: NSF/ University of Washington, CC BY-SA 2.0.

Brisingid-sjøstjerner er funnet ned til flere tusen meters dyp. Navnet kommer fra norsk mytologi og «Brisingamen», som er smykke til Frøya. Når denne arten skal spise hever den armene sine i været, og fanger (filtrerer) partikler fra vannet. Foto: NOAA.

Slukhalsfisken har utviklet en veldig stor magesekk! Det er for å kunne fordøye veldig store byttedyr den skulle finne i dypet. Byttedyrene kan til og med kan være mye større enn fisken selv. Foto: Brown Goode & Tarleton (1895).

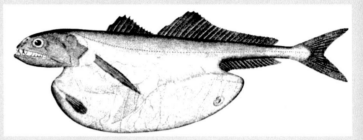

Denne krageormen kryper langs bunnen og spiser mudder. Mudder er det mer enn nok av på dypet! Krageormen har gjeller, og puster litt som en fisk. Krageormer er funnet ned til flere tusen meters dyp. Foto: NOAA.

Holbøll-sjødjevelen er tilpasset et liv i dyphavet, hvor det kan gå lenge mellom hver gang hann- og hunnfisk møtes. Hannen har utviklet et veldig godt sanseapparat, og når han endelig møter en hunn så biter han seg fast på buken til hunnen – og blir værende livet ut. Han blir en parasitt, og sitter der for å befrukte eggene hennes. Foto: Brown Goode & Tarleton (1895).

Fig. 665.—Deep-sea Angler, *Ceratias holbolli* Kröyer. Greenland.

«Sneglefisken» ser litt ut som et rumpetroll, men tilhører ring-bukene. Noen arter er funnet ned til ~8 500 meters dyp!

Pelikanålen har fått navnet sitt etter den store munnen som er svært fleksibelt, og som likner nebbet på en pelikan! Den spiser små krepsdyr, fisk og blekksprut. Den har veldig små øyne, og lager eget lys for å lokke til seg byttedyr.

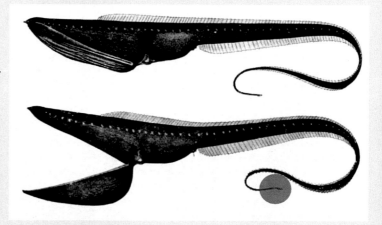

Denne kråkebollen (Echinothurioida) er giftig, og lever på veldig dypt vann. Kroppen er ganske flattrykt, og den har små, hvite «truger» på piggspissene. Trugene bærer noe vekten av kråkebollen når den går, slik at den ikke synker nedi mudderet. Denne er fotografert litt sør for Irland, på 2 100 meters dyp. Foto: Marine Institute, Irland.

U-BÅTEN TRITON BESØKER VERDENS FEM DYPESTE STEDER!

Første gang mennesker var nede på det dypeste stedet på jordkloden, i Challengerdypet, var i 1960! Første gang mennesker satte sine bein på månen var i 1969!

... og de satte sine bein på månen i 1969!

Det dypeste området på kloden er Challengerdypet, på omtrent 11 000 meters dyp! Dette dypet ligger i Marianegropen i Stillehavet. Marianegropen er altså en veldig lang kløft eller renne, og Challengerdypet er en liten del av denne.

Første gang mennesker besøkte den dypeste havgropen på jordkloden var i 1960...

Vi har fem verdenshav med hvert sitt dypeste punkt. (Se kartet på neste side.) Få har besøkt disse stedene, men nå har u-båten Triton besøkt alle disse fem stedene i løpet av ett år (2019)!

Visste du at:

Noen av u-båtene som har besøkt Challengerdypet:
1960 – U-båten Trieste (Piccard & Walsh)
2012 – U-båten Deepsea Challenger (Cameron)
2019 – U-båten Triton (Vescovo)

Marianegropen ligger i Stillehavet, og er tegnet inn med rød strek. I den sørlige, dypeste delen ligger Challengerdypet (oransje prikk). Challengerdypet er altså en del av den 2 550 kilometer lange Marianegropen. Den grønne prikken er øya Guam. Foto: Google Maps.

Hav	Dyphavsgrop	Dypeste punkt i dyphavsgropen	Dyp (i meter)
Stillehavet	Marianegropen	Challengerdypet	10 925
Atlanterhavet	Puerto Rico-gropen	Milwaukeedypet	8 408
Sørishavet	South Sandwich-gropen	Navn ukjent	7 385
Indiahavet	Javagropen	Navn ukjent	7 290
Nordishavet	Framstredet	Molloydypet	5 669

Informasjonen i tabellen er hentet fra Stewart & Jamieson (2019).

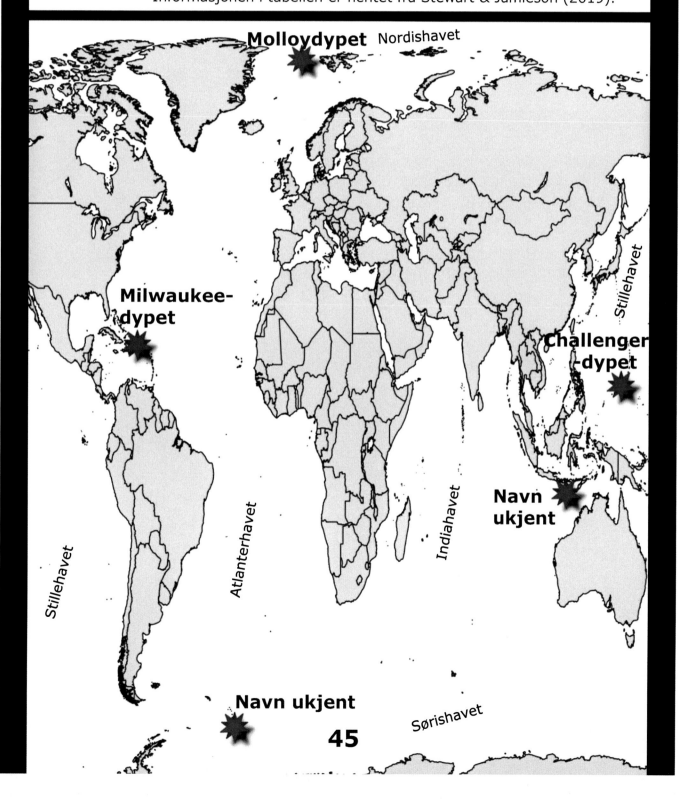

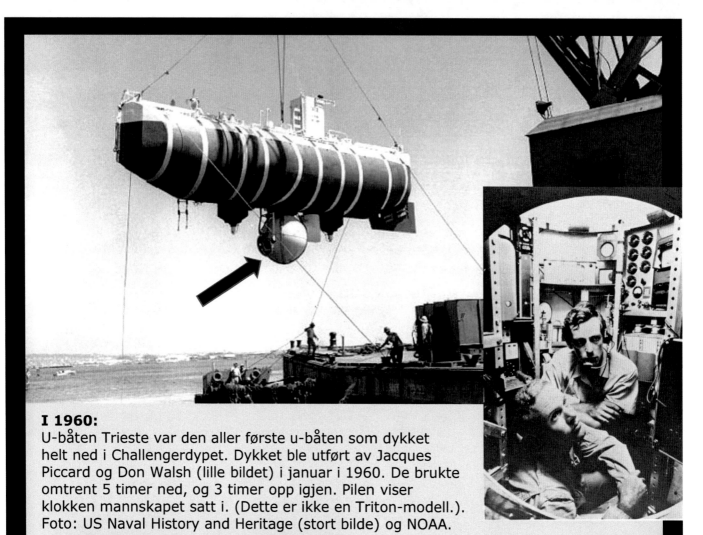

I 1960:

U-båten Trieste var den aller første u-båten som dykket helt ned i Challengerdypet. Dykket ble utført av Jacques Piccard og Don Walsh (lille bildet) i januar i 1960. De brukte omtrent 5 timer ned, og 3 timer opp igjen. Pilen viser klokken mannskapet satt i. (Dette er ikke en Triton-modell.). Foto: US Naval History and Heritage (stort bilde) og NOAA.

I 2012:

James Cameron var den første som var nede i Challengerdypet helt alene. Han dykket ned dit med denne farkosten. Pilen viser området han satt i u-båten. Han brukte 2,5 timer ned, og 70 minutter opp igjen. (Dette er ikke en Triton-modell.) Foto:© Raimond Spekking / CC BY-AS 4.0.

Foto av Victor Vescovo: Glenn Singleman.
CC BY-SA 4.0.

Challengerdypet

Triton Submarines LLC

I 2019:

Victor Vescovo fra USA var den aller første personen
som dykket ned på alle de fem dypeste stedene i de
fem verdenshavene. Han gjorde det alene, i en
spesialbygget Triton u-båt. De fem dykkene ble
gjennomført under «Five Deeps Expedition» i løpet av
2019. Pilen viser området han satt i u-båten. Vescovo
har også vært på de syv høyeste fjell-toppene i verden,
og gått på ski til nord- og sydpolen. Foto: Richard
Varcoe, Caladan Oceanic/ Triton Submarines LLC.

Under «Five Deeps Expedition» i Java Trench i
Indiahavet ble Dumbo-blekkspruten
(*Grimpoteuthis*) observert på omtrent 7 000
meters dyp! Det er det dypeste man hittil har
observert blekksprut i havet. Foto: NOAA.

Kathy Sullivan fra USA var
første kvinnen i Challenger-
dypet. Hun var også den første
amerikanske kvinnen som
besøkte verdensrommet og
utførte romvandring
(«spacewalk»). Foto: NASA.

Mat i dyphavet fra varme og kalde havkilder

Som vi har lært i kapitelet om lyssonen, så utfører algene fotosyntesen og lager sukkerstoffer her. Dypere ned er det for mørkt, og ikke mulig å utføre fotosyntesen. Hvordan klarer likevel noen på dypt vann å lage sukkerstoffer, da? Det skal vi nevne eksempler på i dette kapitelet.

Sukkerstoffer på dypt vann lages av bakterier ved hjelp av **kjemosyntesen!** Bakterier bruker kjemisk stoff som hydrogensulfid, karbondioksid, vann og oksygen til å produsere sukkerstoffer og svovel-forbindelser. Bakteriene blir deretter mat for andre dyr.

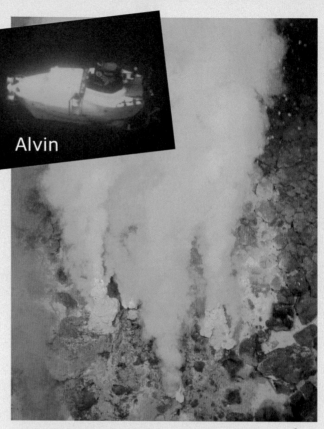

Alvin

Ved varme havkilder («skorsteiner») på havbunnen siver det ut kjemiske stoffer. Varme kilder ble for første gang oppdaget på havbunnen i 1977, på Galapagos, ved hjelp av den bemannede u-båten Alvin. (Det er ikke en Triton-modell.) Foto: NOAA.

Kjemosyntesen:
hydrogensulfid + karbondioksid + vann + oksygen = sukkerstoffer +svovelforb.

Kjemosyntesen med bakteriene foregår på spesielle steder hvor det strømmer ut sjøvann rik på oppløste kjemiske stoffer. Disse stedene kan du lese mer om på neste side:

Visste du at:
Kjemosyntesen kan sies å være parallellen til fotosyntesen.

1) **Varme havkilder**
2) **Kalde havkilder**
3) **«Kortvarige oaser»**

48

1) Varme havkilder dannes langt til havs, nær undervannsvulkaner (hvor kontinentalplatene møter hverandre). Det er samtidig varm magma med oppløste, kjemiske stoffer i havbunnen.

Nær vulkanen oppstår det sprekker i havbunnen hvor sjøvannet strømmer inn. Når sjøvannet kommer i kontakt med magmaen som er rik på kjemiske stoffer, tas disse stoffene opp i sjøvannet. Sjøvannet forsetter å sive innover i sprekkene, men finner snart en vei ut igjen. Der hvor vannet strømmer ut oppstår sort eller hvit røyk. Fargen på røyken er avhengig av hva slags kjemiske stoffer, eller mineraler, som er i den.

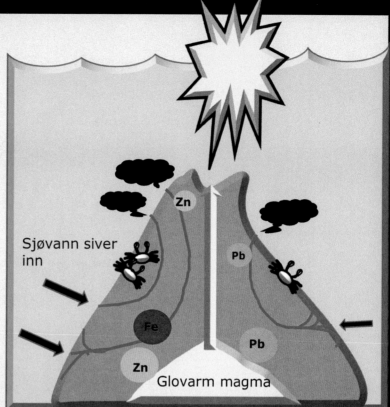

Sjøvann siver inn

Glovarm magma

Her er en undervannsvulkan med utbrudd (gul røyk). I nærheten av utbruddet dannes det varme havkilder (sort røyk). Ved disse varme havkildene kan sjøtemperaturen bli over 400 ºC. (Noen varme havkilder har også hvit røyk.). Det er funnet mange nye, ubeskrevne arter ved slike varme kilder.

2) Kalde havkilder kan dannes nær land, men også i dyphavet.

Havkildene oppstår på spesielle steder hvor det over lang tid har samlet seg opp døde dyr nede i havbunnen. Etter en stund begynner det å piple ut kjemiske stoffer, som hydrogensulfid eller metangass. Temperaturen på de kalde havkildene er omtrent den samme som for sjøvannet rundt.

49

3) Kortvarige oaser er kjemiske oaser som plutselig oppstår, og som gjerne varer i noen tiår. Det kan være en hval som dør, og som synker til bunns. Det kan også være rester av planter eller trær (inkludert båter), som går i stykker og synker til bunns.

Hvalkadavre som havner på havbunnen blir først spist av fisk og andre dyr. Deretter går bakterier løs på selve hvalknoklene, som er rik på olje. Bakteriemattene som dannes blir så mat for andre dyr.

Flere nye arter blir oppdaget ved slike kortvarige oaser. Elvis-børstemarken (*Peinaleopolynoe elvisi*) ble oppdaget av en bemannet u-båt i 2009, på hvalkadavre. Børstemarken ble oppkalt etter Kongen av Rock'n Roll, Elvis Presley! Den har veldig fargerike skjell på ryggen, som likner de kjente kostymene Elvis brukte på scenen.
Foto, Elvis: RCA Records. Foto, børstemark: Hatch et al. (2020). CC BY-SA 4.0.

Har du hørt om den berømte båten «Titanic» som traff et isfjell og sank i 1912 i Nord-Atlanteren? Båtskroget på Titanic var ikke av tre, men av stål. Likevel, det er nå funnet bakterier som spiser på stålet! En bakterie er til og med oppkalt etter Titanic, fordi bakterien for første gang ble oppdaget her. Den heter *Halomonas titanicae*. Man tror at bakterier vil spise opp Titanic innen 2030. U-båten Triton var nede og filmet vraket av Titanic i 2019, som ligger på omtrent 4 000 meters dyp!

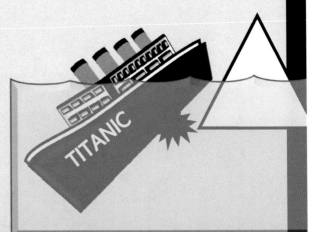

Dette er to varianter av samme snegleart. Den mørke varianten lever i et område med mye jern i vannet, og den lyse lever i et område med lite jern. Foto: Rachel Caauw. CC BY-SA 3.0.

Den spesielle jernsneglen er hittil bare funnet ved varme havkilder i Indiahavet på rundt 3 000 meters dyp. Sneglen ble funnet første gang ved hjelp av en fjernstyrt ROV. Det ytterste laget av skallet til jernsneglen består av jern, og den har også lag på lag av jernbelagte «plater» på foten, så det ser litt ut som om sneglen har på seg en jernrustning (slik krigere brukte i gamle dager). Sneglen har spesielle poser med bakterier i munnen som spiser mineralrike gasser (kjemosyntese). Samtidig skiller sneglen ut overflødig jern på skallet og platene på foten. På latin heter sneglen *Chrysomallon squamiferum*, og på engelsk, sea pangolin.

Dette er en type ROV. Den kan sendes ned på mange tusen meters dyp for å ta bilder eller video av spesielle dyr eller fenomen på havbunnen. Forskere kan bruke ROV alene, eller sammen med u-båten Triton, på sine hav-ekspedisjoner. Foto: Brennan Phillips.

Visste du at:

ROV står for «Remotely Operated Vehicles», og er en fjernstyrt undervannsfarkost (ubemannet).

FAKTA OM HAVET

Fem hav: Det er fem store havområder på jordkloden: Stillehavet, Atlanterhavet, Indiahavet, Nordishavet og Sørishavet.

Det klassiske kinesiske tegnet for penger skal minne om kauriskjellet (en porselenssnegl)!

Det største havet: Stillehavet er det største havet på jordkloden, og har også flest øyer (omtrent 25.000 !).

Hadalen er navnet på de aller dypeste havkløftene i mørkesonen. Sjøpølser kalles «kongen av hadalen» fordi det finnes så mange sjøpølser her!

Havet er salt: Sjøvann består av omtrent 3.5% salter, og resten vann.

Kauriskjell ble brukt som penger i India på Vasco da Gamas tid. På bildet brukes de som smykke.

Blekksprut: Ikke alle blekksprutarter lager blekk.

Havdypet: Gjennomsnittsdybden i havet er omtrent 4 kilometer.

Neptun og Poseidon: Neptun er havets Gud, ifølge romersk mytologi. Poseidon er havets Gud, ifølge gresk mytologi.

«Havkloden»: Store deler av jordkloden er dekket av hav (71%). Kanskje vi derfor skulle ha kalt jordkloden for «havkloden» istedenfor...?

HVA SKJER MED SJØDYRENE NÅR HAVET BLIR VARMERE?

Vi mennesker bidrar dessverre til forurensning av havet, fordi vi slipper ut mye av gassen karbondioksid. Denne klimagassen finnes for eksempel i bil- og flybensin.

Når vi kjører bil eller flyr, og slipper ut karbondioksid, blir gassen tatt opp i havet. Hvis det blir altfor mye av den der, så endres kjemien i sjøvannet. Da blir det vanskeligere for krabbene å lage et nytt kalkskall, og som du sikkert vet så er krabbene avhengige av å lage et nytt skall for å vokse.

Det er mange sjødyr som lager kalkskall i sjøen, som trollkrabber, reker, skjell, snegler og koraller. Alle disse dyrene får det vanskeligere hvis det blir for mye karbondioksid i havet.

Hvis du lurer på mer om dette temaet kan du kanskje spørre en voksen der hjemme, eller en lærer på skolen? Kanskje dere også kan hjelpe til med å sette i gang noen prosjekter for å hindre at vi i fremtiden slipper ut altfor mye klimagasser?

Visste du at:

Klimagasser er gasser i jordens atmosfære som slipper inn varme fra solen, men som stanser utstråling av varme fra jorden.

Visste du at:

Klimagassen karbondioksid (som inneholder karbon), er en klimagass som «fanger» solvarme nær jorda. Den hjelper jorda til å holde på noe av varmen, slik at ikke alt forsvinner ut i verdensrommet. Karbon i en viss mengde er derfor bra på mange måter, men blir det for mye av den så øker temperaturen på jorda for mye.

Plast i havet kan skade sjødyrene!

Vanlig plast som vi bruker i dag er laget av olje, og brytes så å si ikke ned i naturen. Plasten brytes bare ned til småbiter, til mikroplast, og blir værende i naturen i mange hundre år fremover. Mye plast havner i havet, og plastforsøpling av havet er et stort problem. Selv nede i Challengerdypet er det funnet rester av plast!

Forskere har funnet mikroplast i tarmen til smådyr som for eksempel fjæremark, strandkrabbe og sjøpølse, men også større dyr som sjøfugl, fisk og hval. Dyr spiser plast i sjøen fordi de tror det er mat. Når magesekken blir fylt med plast så får dyrene en følelse av at de er gode og mette. I virkeligheten er de ikke mette fordi de ikke kan fordøye all plasten, så de sulter tilslutt ihjel.

Forskere har nå funnet opp en helt ny type plast, laget av rekeskall. Plasten kan brukes til mange ting, som sjakkbrikker, fargerike partykopper og plastposer. Dette er bare begynnelsen, og forhåpentligvis vil forskning også finne mange andre bruksområder for denne plasttypen. Fordelen ved å lage plastposer av for eksempel rekeskall, og ikke av olje, er at når vi ikke trenger plastposen lenger, så vil den brytes ned igjen og bli til helt naturlige stoffer i løpet av bare få uker.

54

VIDERE LESNING, OG TAKK TIL

Kolleger har lest gjennom boken, og takkes for det.

Mer om sjødyr finner du for eksempel her:

- Jamieson AL. 2015. The Hadal Zone. Life in the Deepest Oceans.
  Cambridge University Press, Cambridge.
- www.buzzingkid.no.
- www.justoneocean.org
- www.mbari.org
- www.nektonmission.org
- www.marinebio.org/kids/
- www.theoceancleanup.com
- www.tritonsubs.com

Flere bøker i samme serie, som alle er utgitt på www.amazon.com:

Bilder og illustrasjoner i denne boken er tatt/ laget av Halldis Ringvold, hvor ikke annet er spesifisert (se nedenfor). Det rettes en stor takk til alle som har bidratt med bilder, særlig Triton Submarines LLC, Marine Institute i Irland, Monterey Bay Aquarium Research Institute (MBARI), National Oceanic and Atmospheric Administration (NOAA) Ocean Exploration & Wikimedia Commons:

S. 1   (forside) Bildet av **u-båten Triton** er tatt av Triton Submarines LLC. **Kråkebollebildet** er tatt av Marine Institute i Irland. **Sjøpølsebildet** er hentet fra https://commons.wikimedia.org/ wiki/File: Enypniastes_sp_Indonesia.jpg. Foto: NOAA Okeanos Explorer Program, INDEX-SATAL 2010. Offentlig eiendom. **Dypvannsfisken svart sjødjevel** (*Melanocetus johnsonii*) er hentet fra https://commons.wikimedia.org/wiki/File:Humpback_anglerfish.png. Brauer (1908). Offentlig eiendom.

S. 2   **Dypvannsfisken svart sjødjevel** (som for S. 1).

S. 6   Bildet av **eremittkrepsen** er tatt av Marine Institute i Irland. Både dette bildet, og bildet av kråkebollen (S. 1) er tatt med ROV Holland I fra RV Celtic Explorer.

S. 7   **Skuta til Vasco da Gama**, Sao Gabriel (Carrack). Anonym 1 (1900). Hentet fra https://archive.org/details/albumdoseculo00unse/ Offentlig eiendom. Beskåret.

S. 8   **HMS Porcupine.** Archibald (1967). Hentet fra https://commons.wikimedia.org/wiki/ File:HMS_Porcupine_Day_1967.jpg. Offentlig eiendom. **Kråkebolle (1)** *Pourtalesia jeffreysi.* Wyville Thomson (1873). https://commons.wikimedia.org/wiki/File:FMIB_49280_Pourtalesia_ jeffreysi,_Wyville_Thomson.jpeg. Offentlig eiendom. **Sjøstjerne (2)** *Korethraster hispidus.* Wyville Thomson (1873). https://commons.wikimedia.org/wiki/File:FMIB_49283_Korethraster_hispidus, _Wyville_Thomson,_Dorsal_aspect.jpeg. Offentlig eiendom. **Sjøstjerne (3)** *Plutonaster bifrons.* Wyville Thomson (1873). https://commons.wikimedia.org/wiki/File:FMIB_49285_Archaster_ bifrons,_Wyville_Thomson,_Dorsal_aspect.jpeg. Offentlig eiendom. **Krabbe (4)** *Scyramathia carpenteri.* Wyville Thomson (1873). https://commons.wikimedia.org/wiki/File:FMIB_49303 _Amathia_carpenteri,_Norman.jpeg. Offentlig eiendom.

S. 9   **HMS Challenger.** Anonym 2 (år ?). https://commons.wikimedia.org/wiki/ File:HMS_Challenger_(1858).jpg. Offentlig eiendom. **Portrett av Sir Charles Wyville Thomson.** Anonym 3 (1882-83). https://commons.wikimedia.org/wiki/File:PSM_V22_D594_Charles_ Wyville_Thomson.jgp. Offentlig eiendom. **Bunnskrape** med «hemp-dusker». Wyville Thomson (1873). https://commons.wikimedia.org/wiki/File:FMIB_49319_Dredge_with_´hempen_tangles´ .jpeg. Offentlig eiendom. **Moderne forskningsskip.** US NOAAS Oscar Dyson (R 224). Foto: NOAA. http://www.moc.noaa.gov/od/index.html. Offentlig eiendom.

S. 11   Bildet av **u-båt i tre** er en reproduksjon av Drebbels u-båt. Bildet er hentet fra https://commons.wikimedia.org/wiki/File:The_Drebbel_-_geograph.org.uk_-_7165.jpg Foto: Adrian Tritschler/The Drebbel/ CC BY-SA 2.0. **U-båt på Themsen,** Drebbels første u-båt. 17 århundre. https://commons.wikimedia.org/wiki/File:Van_Drebbel.jpg. G. H. Tweedale. Offentlig eiendom.

S. 12   **Gammel dykkeklokke,** «Cloche de Halley». Figuier (1870). https://fr.wikisource.org/wiki/ Les_Merveilles_de_la_science/La_Cloche_à_plongeur_et_le_Scaphandre. Offentlig eiendom.

S. 13   Begge bildene av **u-båten Triton** er tatt av Triton Submarines LLC.

S. 14   Bildet av **u-båten Triton** er tatt av Triton Submarines LLC.

S. 15   Bildet av **Kamtannhai** er tatt av Tom Blades, Triton Submarines LLC. **U-båten Triton heises om bord i moderskipet** er hentet fra https://oceanexplorer.noaa.gov/explorations/ *16battlefield/background/media_resources/media_resources.html.* Foto: David Sybert, UNC Coastal Studies Institute - Battle of the Atlantic expedition.

S. 18   **Planteplankton**, i Haeckel (1904). Kunstformen der Natur, plate 14: Peridinea. https://commons.wikimedia.org/wiki/File:Haeckel_Peridinea.jpg. Offentlig eiendom. **Dyreplankton,** i Haeckel (1904). Kunstformen der Natur, plate 56: Copepoda. https://commons.wikimedia.org/wiki/File:Haeckel_Copepoda.jpg. Offentlig eiendom.

S. 20   **Oppspist tareskog.** Bildet viser utkanten av en kråkebollefront forårsaket av *Evechinus chloroticus* som spiser tare. Hauraki Gulf, New Zealand. 2019. https://commons.wikimedia.org/wiki/File:

D0550_03.png. Beskrivelse: Jordbærblekkspruten (*Histioteuthis heteropsis*) observert av MBARI's ROV *Doc Ricketts* i Monterey Canyon på omtrent 620 meters dyp. Foto: © 2013 MBARI.

S. 37 **Marin snø.** Bildet er hentet fra https://commons.wikimedia.org/wiki/File:Marinesnow-splash.jpg. https://aamboceanservice.blob.core.windows.net/oceanservice-prod/facts/marinesnow-splash.jpg. Foto: NOAA National Ocean Service. Offentlig eiendom. Beskåret.

S. 38 **U-båten Triton inspiserer et vrak.** https://oceanexplorer.noaa.gov/explorations/ 16battlefield/background/technology/technology.html. Foto: GlobalSubDive. **U-båten Triton, front, med lys**, er hentet fra https://oceanexplorer.noaa.gov/explorations/16battlefield/ background/plan/plan.html. Foto: Project Baseline/ Brownies Global Logistics. **U-båten Triton på overflaten**, er hentet fra https://oceanexplorer.noaa.gov/explorations/16battlefield/logs/sept9/ sept9.html. Foto: John McCord, UNC Coastal Studies Institute - Battle of the Atlantic expedition.

S. 39 **Dypvannsamfipode,** *Hirondellea gigas.* Jamieson et al. (2019). https://royalsocietypublishing.org/doi/10.1098/rsos.180667. CC BY-SA 4.0. Beskåret.

S. 41 **Sjøpølsebildet** er hentet fra (som for S. 1). **Blobfisk,** *Psychrolutes phrictus*. Store individer er ofte merket med ringer i skinnet, som kan stamme fra sugemerker etter blekksprut. Blobfisken er opportunist, og spiser ofte sjøfjær, snegler og krabber. https://commons.wikimedia.org/wiki/ File:Psychrolutes_phrictus_1.jpg. Foto: NOAA/MBARI. Offentlig eiendom. **Harpesvamp,** *Chondrocladia lyra*. Kjøttetende svamp. https://commons.wikimedia.org/wiki/File: Chondrocladia_lyra.jpg. Foto: MDMihaela. CC BY-SA 4.0. **Pompeii-ormen** *Alvinella pompejana.* Den kan overleve temperaturer opp til 80°C. Den har et lag med bakterier som beskytter ryggen. https://commons.wikimedia.org/wiki/File: Alvinella_pompejana01.jpg. http://www.nsf.gov/od/lpa/news/press/01/pr0190.htm. Foto: National Science Foundation (University of Delaware College of Marine Studies). Offentlig eiendom. **Kjemperørorm**, Oregon State University. https://commons.wikimedia.org/wiki/File:Tube_worms_ASHES_hydrothermal_field_(27260324626).j pg. Foto: University of Washington, NSF/Ocean Observatories Initiative/Canadian Scientific Submersible Facility. CC BY-SA 2.0.

S. 42 **Sjøstjerne** (brisingid). NOAA Office of Ocean Exploration and Research, Deep Connections 2019. https://oceanexplorer.noaa.gov/multimedia/daily-image/media/20200911.html CC BY-SA 2.0. **Slukhalsfisk,** *Chiasmodon niger*. https://commons.wikimedia.org/wiki/File: Chiasmodon_niger.jpg. Brown Goode & Tarleton (1895). Offentlig eiendom. **Krageorm.** NOAA Okeanos Explorer Program, 2016 Deepwater Exploration of the Marianas, Leg 3. https://commons.wikimedia.org/wiki/ File:Expn7509_(38827990365).jpg. Foto: NOAA Photo Library. Offentlig eiendom. **Holbøll-sjødjevel,** *Ceratias holboelli*. https://commons.wikimedia.org/wiki/File:Ceratias_holboelli.jpg. Brown Goode & Tarleton (1895). Offentlig eiendom. En liten, sort hann-fisk er lagt til for illustrasjon.

S. 43 **Sneglefisk** fra 6 025 m dyp. Gerringer et al. (2017), https://commons.wikimedia.org/ wiki/File:Pseudoliparis_swirei.png. CC BY-SA 3.0. Beskåret. Linley et al. (2022), https://doi.org/ 10.1007/s12526-022-01294-0. CC BY-SA 4.0. **Pelikanål,** *Eurypharynx pelecanoides*. https:// commons.wikimedia.org/wiki/File: Eurypharynx_pelecanoides.jpg. Brown Goode & Tarleton (1895). Offentlig eiendom. En rød prikk er lagt på bildet for illustrasjon. **Kråkebollebildet** (som for S. 1).

S. 44 **Kartet** er klippet ut fra Google Maps. Noen få fargemerker er lagt på i etterkant.

S. 46 **U-båten Trieste**. U.S. Naval History and Heritage Command Photograph. ID NH 96799. https://commons.wikimedia.org/wiki/File:Bathyscaphe_Trieste_hoisted.jpg. Offentlig eiendom. Beskåret. **Mannskapet i u-båten Trieste.** Løytnant Don Walsh, USN, and Jacques Piccard i u-båten Trieste i 1960. Foto: Steve Nicklas, NOS, NGS. NOAA Ship Collection. https://commons.wikimedia. org/wiki/File:Bathyscaphe_Trieste_Piccard-Walsh.jpg. Offentlig eiendom. **U-båten Deepsea Challenger.** Cité de la Mer, Cherbourg. https://commons.wikimedia.org/wiki/File: Deepsea_Challenger_-_Cité_de_la_Mer-7935.jpg. Foto:© Raimond Spekking / CC BY-SA 4.0 (via Wikimedia Commons).

S. 47   **U-båten Triton.** Denne modellen er spesialbygget for å gå ned i Challengerdypet. Triton Submarines LLC. **Portrett, Victor Vescovo,** stifter av Caladan Oceanic og pilot under the Five Deeps Expedition. https://commons.wikimedia.org/wiki/File:VV_Mariana_Trench_Profile(2).jpg. Foto: Glenn Singleman. CC BY-SA 4.0. Beskåret. **Kathryn D. Sullivan.** Her poserer hun med en romdrakt. https://commons.wikimedia.org/wiki/File: STS-31_MS_Sullivan_poses_next_to_stowed _EMU_in_Discovery%27s_airlock.jpg. Foto: NASA Image and Video Library. Offentlig eiendom. **Blekkspruten** *Grimpoteuthis*. https://commons.wikimedia.org/wiki/File:Grimpoteuthis_ bathynectes.jpg. Foto: NOAA Okeanos Explorer. Offentlig eiendom.

S. 48   **Varme havkilder**, «White smokers» ved Champagne Vent (>100°C) i 2004. http://oceanexplorer.noaa.gov/explorations/04fire/logs/hirez/champagne_vent_hirez.jpg. https://commons.wikimedia.org/wiki/File:Champagne_vent_white_smokers.jpg. Foto: NOAA. Offentlig eiendom. **U-båten Alvin** starter neddykking. https://commons.wikimedia.org/wiki/File: Expl1874_- _Flickr_-_NOAA_Photo_Library.jpg. Foto: Gavin Eppard, WHOI. Ekspedisjon til Deep Slope/NOAA/OER. NOAA Photo Library. Offentlig eiendom.

S. 50   **Elvis Presley,** Kongen av Rock'n Roll, fra Aloha From Hawaii konsert i 1973. https://commons.wikimedia.org/wiki/File:Elvis_Presley_1973_RCA_Records_and_Tapes_publicity_3.png. Foto: RCA Records. Offentlig eiendom. Beskåret. **Elvis-børsteormen** *Peinaleopolynoe elvisi* sp. nov.. Holotype SIO-BIC A8488, Hatch et al. (2020). https://commons.wikimedia.org/wiki/ File:Peinaleopolynoe_elvisi_(10.3897-zookeys.932.48532)_Figure_7_(cropped).jpg. CC BY-SA 4.0. https://zookeys.pensoft.net/article/48532/list/2/

S. 51   **Jernsnegl.** To varianter av *Chrysomallon squamiferum*, https://commons.wikimedia.org/wiki/ File:Chrysomallon_squamiferum,_black_and_white.jpg. Illustrasjon: Rachel Caauw. CC BY-SA 3.0. **ROV 'Hercules'** (IFE/URI/NOAA) i 2005. https://commons.wikimedia.org/wiki/File:ROV_Hercules_2005.JPG. Foto: Brennan Phillips. Offentlig eiendom.

(Baksidefoto) **Fiskestim fra Maldivene** (som for S. 21).

Referanser:

- Anonym 1 (1900). Album d'o seculo. Portugal (?).

- Anonym 2 (år ?). The Report of the Scientific Results of the Exploring Voyage of HMS Challenger during the years 1873–1876. (Vol. ?).

- Anonym 3 (1882-83). Popular Science Monthly Volume 22, New York: D. Appleton & Co.

- Archibald D (1967). The Admiralty Hydrographic Service, 1795-1919, H.M. Stationery Office.

- Brauer A (1908). Die Tiefsee-Fische. I. Systematischer Teil, in Chun C, Wissenschaftlicher Ergebnisse der deutschen Tiefsee-Expedition auf dem dampfer 'Valdivia', 1898-99. Vol. 15. Jena: Verlag von Gustav Fisher. (Svart sjødjevel, *Melanocetus johnsonii,* plate 15).

- Brown Goode G, Tarleton HB (1895). Oceanic Ichthyology, A treatise on deep-sea and pelagic fishes of the world based chiefly upon the collections made by the steamers «Blake», «Albatross» and «Fish Hawk» in the Northwestern Atlantic, with an atlas containing 417 figures. Smithsonian Institution, Special Bulletin, US Natural Museum, Washington: Government printing office. (Pelikanål, *Eurypharynx pelecanoides,* plate 49; slukhalsfisk, *Chiasmodon niger,* plate 74; Holbøll-sjødjevel, *Ceratias holboelli,* plate 117.)

- Figuier L (1870). La cloche a plongeur et le scaphandre. Les Merveilles de la science. Vol. 4.

- Gerringer ME, Linley TD, Jamieson AJ, Goetze E, Drazen JC (2017). *Pseudoliparis swirei* sp. nov.: A newly-discovered hadal snailfish (Scorpaeniformes: Liparidae) from the Mariana Trench. Zootaxa 4358 (1): 161-177.

- Haeckel E (1904) Kunstformen der Natur. Bibliographisches Institut. Leipzig und Wien.

- Hatch AS, Liew H, Hourdez S, Rouse GW (2020). Hungry scale worms: Phylogenetics of *Peinaleopolynoe* (Polynoidae, Annelida), with four new species. ZooKeys 932: 27-74.

- Jamieson AJ (2015). The hadal zone, life in the deepest oceans. Cambridge: Cambridge University Press.

- Jamieson AJ, Brooks LSR, Reid WDK, Piertney SB, Narayanaswamy BE, Linley TD (2019). Microplastics and synthetic particles ingested by deep-sea amphipods in six of the deepest marine ecosystems on Earth. Royal Society Open Science 6: 180667.

- Linley TD, Gerringer ME, Ritchie H, Weston JNJ, Scott-Murray A, Fernandez V, Canto-Hernandez J, Wenzhöfer F, Glud RN, Jamieson AJ (2022). Independent radiation of snailfishes into the hadal zone confirmed by *Paraliparis selti* sp. nov. (Perciformes: Liparidae) from the Atacama Trench, SE Pacific. Marine Biodiversity. 52, 56.

- Ringvold H, Taite M, Allcock A, Vecchione M, Pean M, Sandulli R, Johnsen G, Fjellheim A, Bakke S, Sannæs H, Wårøy Synnes AE, Coronel J, et al. (2021). In situ recordings of large gelatinous spheres from NE Atlantic, and the first genetic confirmation of egg mass of *Illex coindetii* (Vérany, 1839) (Cephalopoda, Mollusca) Scientific Reports 11, 7168.

- Stewart HA, Jamieson AJ (2019). The five deeps: The location and depth of the deepest place in each of the world's oceans. Earth-Science Reviews 197, 102896.

- Waite ER (1921). Illustrated Catalogue of the Fishes of South Australia. Adelaide, Australia: G. Hassell & Son.

- Wyville Thomson C (1873). Depths of the sea: an account of the general results of the dredging cruises of H.M.SS. 'Porcupine' and 'Lightning' during the summers of 1868, 1869, and 1870 under the scientific direction of carpenter, Jeffreys & Wyville Thomson (eds.), London: MacMillan & Co..

1. Hvor dyp er Challengerdypet? (dypeste punktet på kloden)

2. Hva heter de tre store havsonene som defineres av lys?

3. Når ble Challengerekspedisjonen gjennomført?

4. Hvor dypt kan man dykke med u-båten Triton?

5. Hva heter det dypeste punktet i Atlanterhavet?

6. Nevn to dyr som lever i skumringssonen.

7. Nevn to dyr som lever i mørkesonen.

8. Hva var de aller første u-båtene laget av?

9. Hva er det spesielle med jordbærblekkspruten?

10. Hvordan ser eggmassen til blekkspruten akkar ut?

11. Hva er en næringskjede?

12. Nevn et eksempel på dyrene i en næringskjede.

Svar på QUIZ

1. Challengerdypet er omtrent 11 000 meter dyp.

2. De tre store havsonene er lyssonen, skumringssonen og mørkesonen.

3. Challengerekspedisjonen ble gjennomført fra 1872 til 1876.

4. En av Triton-modellene kan dykke helt ned til 11 000 meters dyp.

5. Milwaukeedypet i Puerto Rico-gropen.

6. Jordbærblekksprut og lysprikkfisk.

7. Sjøpølse, kråkebolle, sneglefisk og krageorm.

8. De første u-båtene ble laget i tre, og hadde årer!

9. Jordbærblekkspruten har to veldig forskjellige øyne, som hver for seg speider oppover – og nedover – i vannmassene.

10. Eggmassen til akkar er det ingen som har sett. Den er trolig stor og rund, som en stor geléball. Det kan jo du bli med på å finne ut av!

11. En næringskjede er en rekke med dyr hvor hvert ledd spiser av leddet foran seg, og blir spist av leddet etter seg.

12. Eksempel på en næringskjede er planteplankton, dyreplankton, fisk – og fugl eller hval.

62

Fargelegg amfipodene!

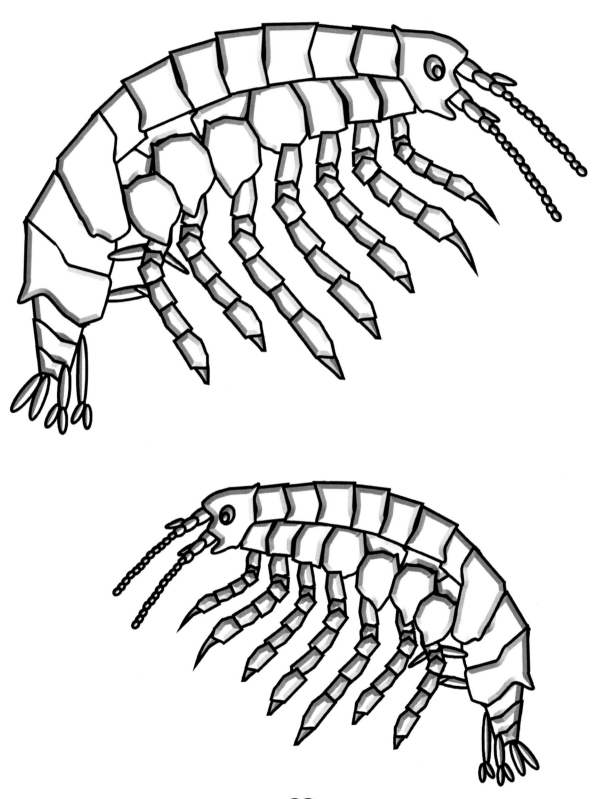

Fargelegg u-båten Triton !

Fargelegg blobfiskene !

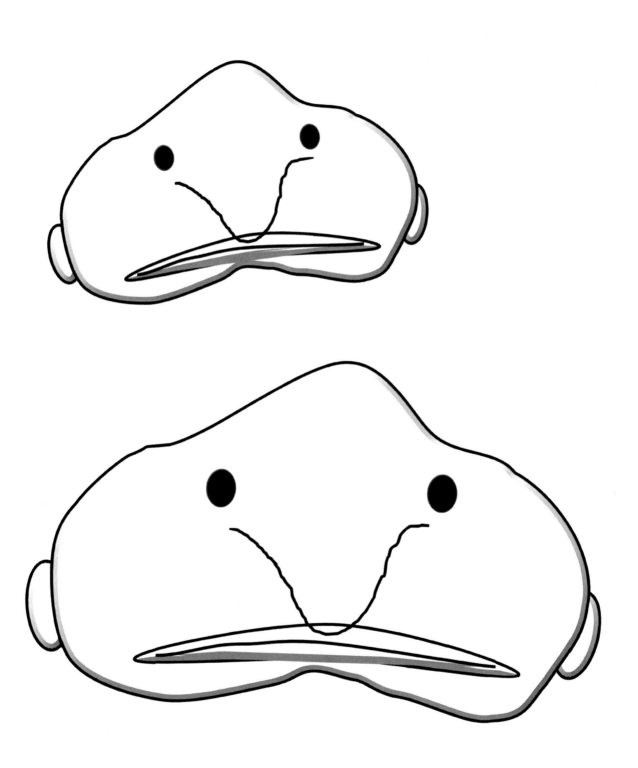

Fargelegg kjempeblekkspruten!

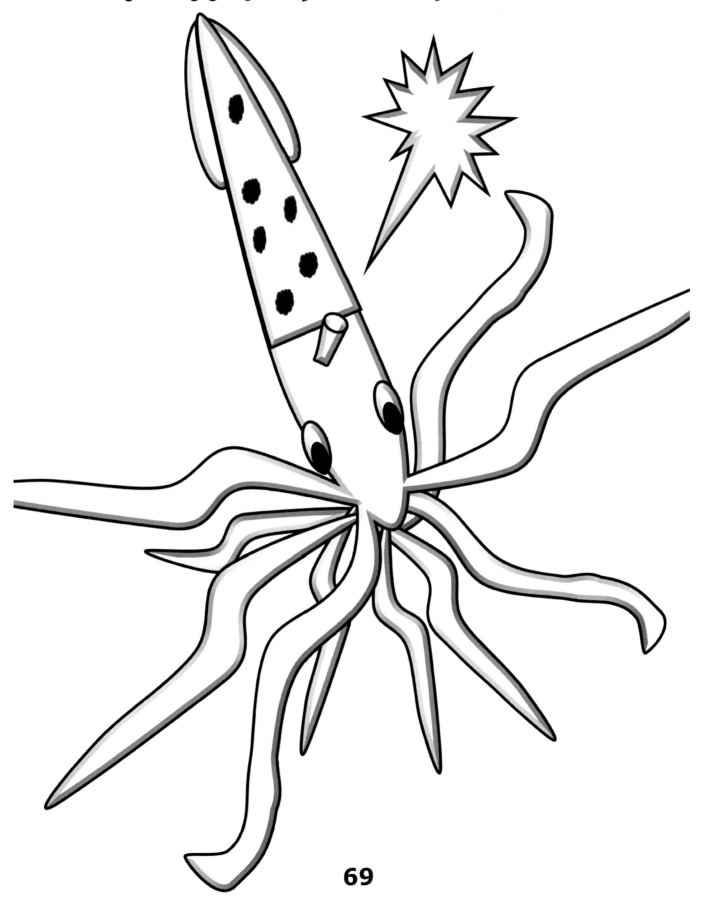

Fargelegg skjelettet !

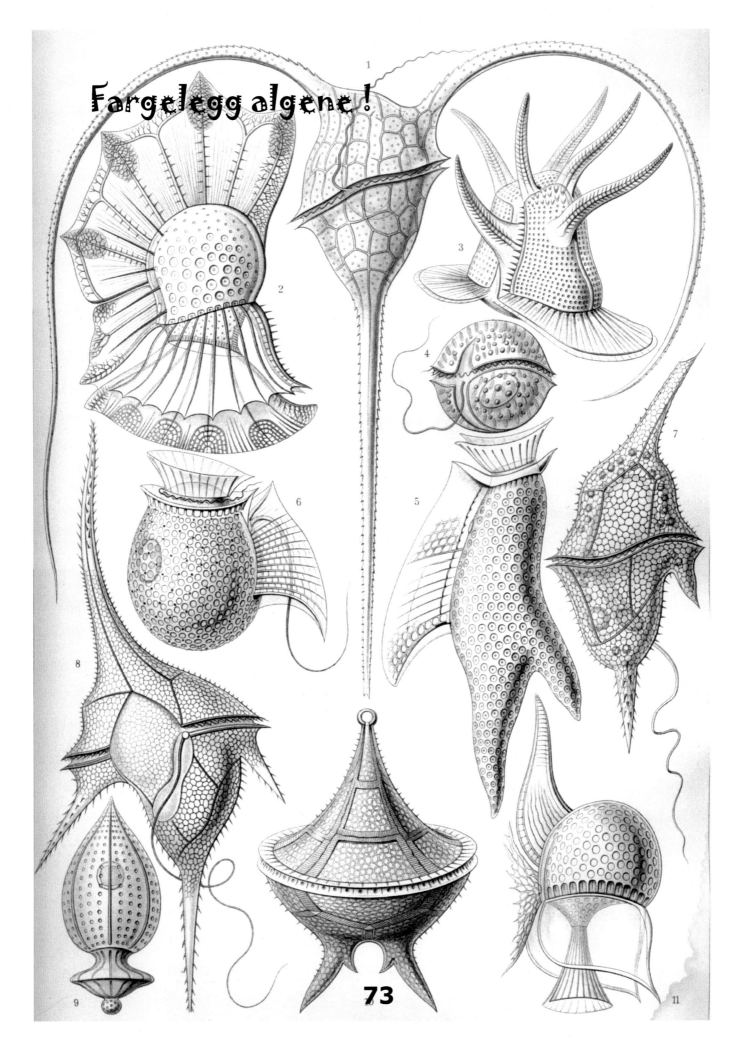

Fargelegg algene !

73

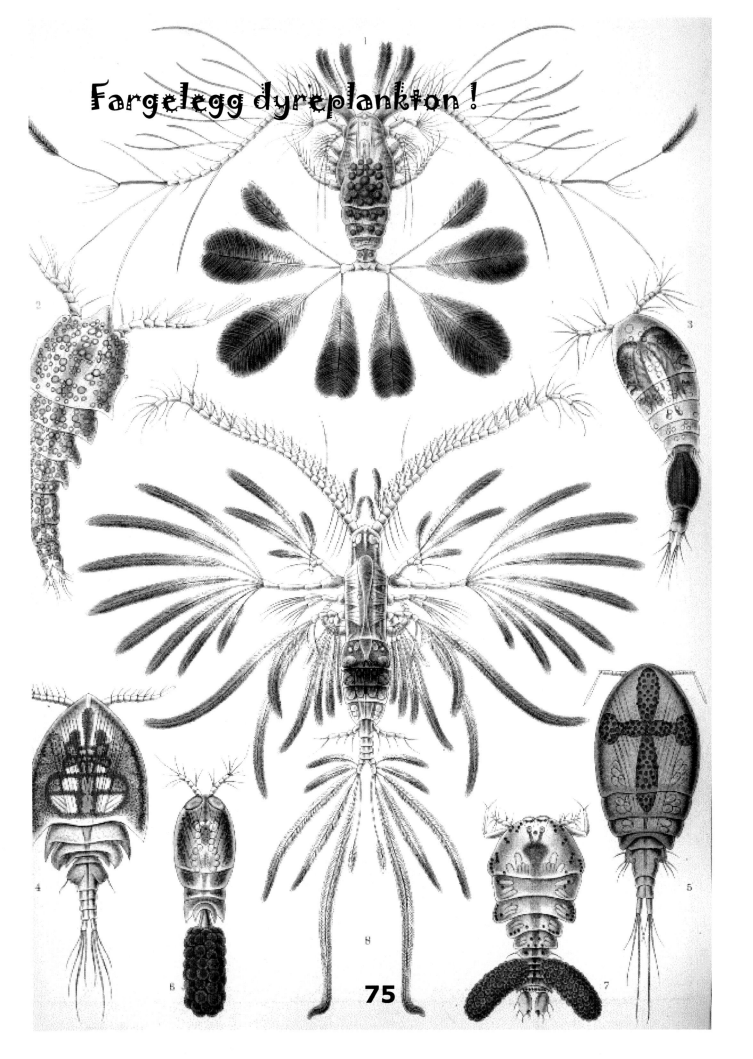

Fargelegg dyreplankton !

75